Guide des DANSES de SALON

Guido Regazzoni
Massimo Angelo Rossi
Piero Sfragano

Guide des Danses de Salon

SOLAR

Page 2 : *Le Tango parisien,*
Édouard Malouze, 1919

Titre original de cet ouvrage
L'ABC DEL BALLO

Traduction-adaptation
Élisabeth de Lavigne

ISBN : 2-263-02764-5
Code éditeur : S02764
Dépôt légal : décembre 1998

Photocomposition : PFC, Dole
Imprimé en Espagne par Artes Gráficas Toledo, S.A.
D.L. TO: 1446-1998

SOMMAIRE

AVANT-PROPOS

La danse est joie, plaisir de se mouvoir avec élégance et harmonie sur des airs musicaux qui peuvent être gais, romantiques, langoureux, passionnés. Danser représente le plus vieux des langages, que chacun de nous est, s'il le veut, en mesure d'utiliser, même ceux qui, par timidité ou par crainte du jugement des autres, prétendent ne pas aimer la danse. Car celle-ci est une chose naturelle, un de nos moyens d'expression.

Elle n'est pas seulement une façon de communiquer quelque chose de soi-même aux autres, mais aussi l'occasion de se confronter à autrui. Si, en effet, danser signifie faire partie du spectacle, c'est aussi se soumettre au regard critique d'observateurs qui ne manqueront pas de nous juger, en bien ou en mal.

C'est un peu comme lors d'une manifestation sportive où le spectateur cherche toujours à distinguer les bons athlètes des médiocres. Le milieu des danseurs est très proche de celui du sport. Les deux mondes ont en commun le style, l'élégance, l'adresse, le jeu, le goût de la compétition, et, dans de nombreuses circonstances, la danse est un sport à part entière. Mais, comme dans toutes les disciplines athlétiques, réussir dans le domaine de la danse implique que l'on connaisse les règles et les techniques de base. C'est dans cette perspective que cet ouvrage a été conçu.

Il s'agit d'un guide qui s'adresse moins aux experts, aptes à affronter les concours et compétitions, qu'aux néophytes qui fréquentent déjà une école de danse, ou aux amateurs passionnément désireux d'apprendre en partant de zéro. En d'autres termes, ce manuel se veut très rigoureux, mais sans être « technique ». Il doit donner envie de découvrir la danse et permettre d'en acquérir les premiers rudiments. Sont présentés dans cet ouvrage plusieurs types de danse : la mazurka, la valse viennoise, la polka, la valse lente, le tango, le fox-trot, la valse anglaise, le slow-fox et le quickstep, qui ont été regroupées en trois genres principaux : danses de tradition européenne ; danses standard ; danses de compétition. On trouvera ici les principales figures propres à chacun de ces genres. Tout pas est illustré par un dessin indiquant la position du cavalier et de sa partenaire, et en particulier celle de leurs pieds. Le lecteur aura ainsi une idée précise de la façon dont les mouvements sont coordonnés. Le guide comporte environ quatre cents dessins présentés sous forme de séquences, qui ont été réalisés à partir de photographies effectuées selon l'interprétation de deux maîtres de danse diplômés. Chacune des figures constitue ainsi une sorte de courte bande dessinée. Pour exposer la technique de base que l'on a cherché à retransmettre le plus fidèlement possible, on a utilisé un langage simple, en ayant le moins possible recours au jargon professionnel, malgré la complexité du sujet et la nécessité d'accorder le texte aux images. L'ouvrage s'enrichit en outre d'informations sur l'histoire, la pratique et les usages de la danse. Il rappelle que de nombreuses figures sont en fait la transposition de situations particulières de la vie d'un couple. En un mot, ce livre n'est pas un simple manuel de danse, mais un guide vraiment unique en son genre.

Une dernière remarque : que le lecteur perfectionniste ne se décourage pas s'il trouve certaines figures difficiles. Qu'il suive les indications concernant chaque pas et cherche ensuite à lier rythmiquement ces pas entre eux. La danse, ne l'oublions pas, est certes une discipline, avec des règles, mais c'est surtout un divertissement merveilleux.

Notions générales

Tout est bon pour entrer dans la danse : on peut danser pour séduire, pour montrer ce que l'on sait faire, ou tout simplement pour le plaisir que cela procure. Nul besoin d'être un professionnel pour se laisser aller à se mouvoir au son d'une musique que l'on aime ou pour s'amuser avec des amis au cours d'une soirée. Cependant, pour bien danser, il ne suffit pas de suivre le rythme ni de connaître sommairement quelques pas. Il existe d'innombrables formes de danse, et chacune obéit à des règles précises, se fonde sur des gestes soigneusement définis et des rythmes qui lui sont propres, et que les différentes fédérations internationales de danse se sont chargées de répertorier.

La danse a un rôle social extrêmement important, puisqu'elle est liée à des rituels et à des cérémonies – que serait en effet un mariage sans musique et sans danse ? Elle est en outre un moyen efficace d'entrer en communication avec les autres et de faire des rencontres. Si les significations et les symboles dont peuvent être chargées les diverses danses se sont parfois un peu affaiblis avec le temps, il n'en reste pas moins que sensualité, agressivité ou encore douleur peuvent se dégager avec force d'une personne qui est en train de danser.

Quoi qu'il en soit, si l'on veut maîtriser cette discipline et évoluer avec grâce et élégance, il est indispensable, entre autres choses, de connaître les pas et les figures de chaque danse ainsi que les séquences qui les introduisent et les concluent, et également d'acquérir un parfait sens de l'équilibre et des changements de direction. Cela exige sans aucun doute une certaine technique qu'il est nécessaire d'apprendre... pour mieux l'oublier et donner à son ou sa partenaire et à ses admirateurs une véritable impression de mouvements naturels.

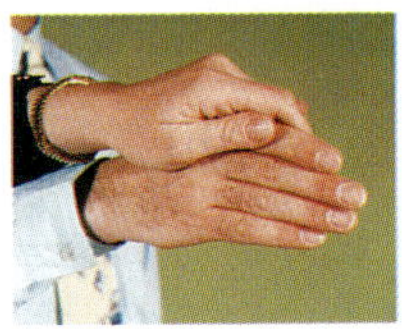

CI-DESSUS : LE CAVALIER ENTRAÎNE LA DAME SUR LA PISTE EN LA TENANT PAR LE BRAS. À DROITE : DÉTAIL DES MAINS POUR L'ENTRÉE EN PISTE DANS LES GRANDES OCCASIONS.

L'entrée en piste

Il y a deux façons d'entrer sur la piste de danse et, dans les deux cas, l'homme assume vis-à-vis de la dame le rôle de chevalier ou de paladin. Cette conception peut paraître un peu désuète, mais elle rend bien compte de la théâtralité dont la danse est et doit être empreinte. Il ne s'agit pas en effet d'un exercice anodin et gratuit, mais d'un acte de partage, de séduction et – surtout si l'on a un partenaire attitré – d'un moment de grande complicité.

La première façon d'aborder la piste

convient à toutes les situations. L'attitude du cavalier qui s'avance doit être fière, mais retenue : il doit inspirer le respect tout en donnant de l'assurance à sa partenaire. Celle-ci se place toujours à la droite de l'homme. En marchant, le cavalier tient par le bras sa cavalière, et celle-ci se laisse diriger en restant légèrement en retrait.

La seconde façon d'entrer en piste est plus spectaculaire : on ne l'adopte que lors de compétitions ou de soirées importantes. La dame est toujours à la droite du cavalier. Dans ce cas, l'homme a le bras droit

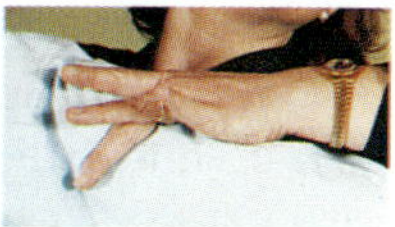

CI-DESSUS : PRISE DE LA MAIN GAUCHE DE LA DAME. EN HAUT : LE COUPLE PRÊT À VIREVOLTER. CI-CONTRE : AVANT DE COMMENCER LA DANSE, LE CAVALIER « APPELLE » LA DAME PAR UNE BRÈVE SÉRIE DE GESTES. LA DANSEUSE « RÉPOND » ET SE PLACE ENTRE LES BRAS DE SON PARTENAIRE.

tendu, la paume de la main à la hauteur de son épaule et tournée vers lui. La femme appuie avec grâce sa main gauche sur celle que lui offre son compagnon et allonge le bras, en suivant son cavalier.

Comment inviter la dame

Une fois que les danseurs sont en piste, le cavalier et la dame se placent face à face, les pieds joints. Mais dans cette position, qui précède de peu le début de la danse, l'usage impose à l'homme d'« appeler » la femme tandis que celle-ci doit lui « répondre », selon le protocole suivant : *Cavalier.* 1. Il tend le bras gauche vers la danseuse. 2. La paume de la main est tournée vers le bas, le bras à la hauteur des épaules de la danseuse, les doigts serrés, le pouce ouvert. 3. Il tend le bras droit comme s'il allait enlacer la femme. C'est alors à elle – restée jusque-là spectatrice – d'accepter l'invitation. *Dame.* 1. Elle tend le bras droit en avant, vers la main de son cavalier. 2. Elle ferme la main sur celle de l'homme et allonge le bras gauche, la paume tournée vers le bas. 3. Elle s'approche du danseur et se place entre ses bras. Le couple a alors la position de départ.

Couple en position

On appelle ainsi la posture que prennent les danseurs quand, placés face à face, ils

s'apprêtent à danser. Là encore, il y a certains détails à respecter. *Cavalier.* Il se tient bien droit, pieds joints et genoux légèrement fléchis, le pied droit entre les pointes de pied de la dame. Le bras droit bloqué, le poignet rigide et le coude en dehors, il tient la main en creux appuyée sur l'omoplate de la dame. Le coude du bras gauche est à la hauteur de l'épaule et la main à celle des yeux du cavalier, la paume tournée vers la dame (cette indication vaut si la femme a plus ou moins la même taille que l'homme ; si elle est plus petite, la main gauche doit se placer plus bas). Enfin, la tête est légèrement tournée vers la gauche.
Dame. Dans la même position que le cavalier, elle a le buste et la tête penchés à gauche, le regard levé vers la gauche. Le bras gauche s'appuie sur le bras droit du cavalier et le coude est à l'horizontale, la main tenant avec grâce l'avant-bras de l'homme, uniquement avec le pouce et le médius. La main droite s'appuie sur la main gauche du partenaire. Pour les deux danseurs, le poids du corps porte sur la jambe qui reste immobile, l'autre jambe amorçant le pas. Il a été déjà précisé que, dans la position de départ, les pieds sont joints. C'est vrai pour les débutants. Mais, pour les plus expérimentés, le pied qui amorce le premier pas doit se placer de côté, le bord interne de la pointe au sol, à environ 35 ou 40 centimètres de l'autre pied ; pour obtenir cette position, les jambes doivent être légèrement fléchies et les genoux rapprochés. Le couple est alors prêt à démarrer.
La position que l'on vient de décrire convient pour toutes les danses de couple, de la mazurka à la valse. Il existe quelques variantes concernant la polka et le tango.
Avant de commencer la polka, le cavalier et la dame se tiennent droits, poitrine contre poitrine.
Tango. 1. La main droite du cavalier est plus basse et se place dans le prolongement de l'omoplate de sa partenaire, à quelques centimètres du centre du dos. 2. La main gauche de la dame se pose sous l'omoplate droite du cavalier ; tous les doigts sont joints, et la paume est tournée vers le sol.

EN HAUT : UN COUPLE DE DANSEURS EFFECTUE UNE ROTATION. CI-DESSUS ET CI-CONTRE : DÉTAIL D'UNE MARCHE EN AVANT POUR LE CAVALIER, À RECULONS POUR LA DAME.

Cavalier : marche en avant

Ces pas, à la base de toutes les danses, sont donc fondamentaux, surtout pour l'homme, qui guide le couple. Si marcher dans la rue est naturel, il n'en va pas de même sur une piste de danse. Avant toute chose, comme cela a été décrit à la rubrique « couple en position », le cavalier se doit d'adopter une attitude droite et fière. Les jambes sont souples et légèrement fléchies. Puis, pour commencer la marche, il lui faut laisser imperceptiblement le corps s'incliner vers l'avant, de façon à faire porter son poids sur la partie antérieure de la pointe des pieds, sans cependant soulever les talons. A ce moment, l'homme peut commencer la marche du pied droit ou du pied gauche, sans oublier d'indiquer son intention à sa compagne. Puis il fait le premier pas, par exemple avec le pied droit. Voici la séquence de ses mouvements : 1. Il soulève le talon, plie la jambe, frôle le sol du talon, la pointe du pied légèrement soulevée. 2. Quand le pied droit dépasse le gauche, à mesure que le poids se déplace vers l'avant, le talon gauche se soulève du sol. 3. En exécutant le pas, le cavalier porte tout son poids sur le pied droit et, tandis que le corps avance, il met le pied gauche en avant en poussant sur la pointe. Il répète ensuite avec ce pied ce qu'il vient de faire avec le droit. Durant la marche, les pieds doivent être parallèles et s'effleurer à chaque pas. Pour ne pas perdre l'équilibre, il est important de déplacer le poids du corps lors de chaque pas. 1. Au début de chaque pas, le poids du corps se porte sur le pied qui reste immobile. 2. Au point culminant du mouvement, le poids se répartit également entre le talon du pied avant et la pointe de l'autre, resté en arrière. 3. Naturellement, dès que le pied qui est en avant est complètement en contact avec le sol, le poids du corps se porte sur lui.

Dame : marche à reculons

Par rapport au cavalier, la dame a une tâche plus difficile. Tandis que l'homme, dans un mouvement naturel, progresse en avant dans sa marche, elle est évidemment forcée d'aller à reculons, ce qui ne va pas de soi. Voici donc comment s'effectue le pas à reculons du pied gauche :

1. La dame fléchit la jambe droite. 2. Elle soulève le pied gauche en effleurant le sol et recule en tendant souplement la jambe. 3. Elle pose la pointe puis le talon gauches sur le sol, tandis que la pointe droite se lève. 4. Avec son pied droit, elle poursuit son pas à reculons, mais en

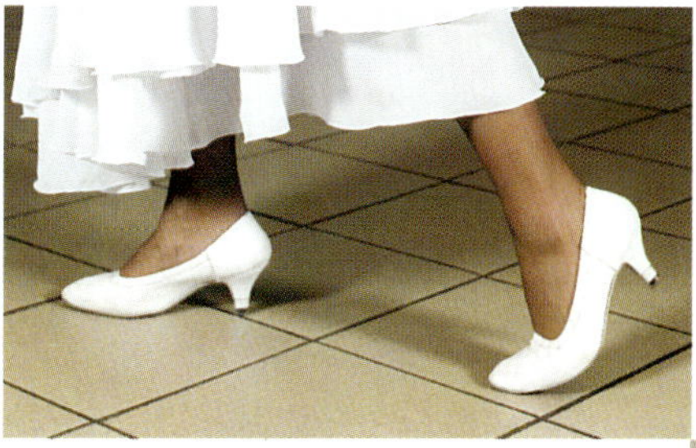

pliant cette fois la jambe gauche, et le mouvement se répète. En marchant à reculons, l'équilibre est précaire, et le rôle du cavalier consiste à guider et soutenir la dame, surtout de la main droite. De toute façon, la partenaire doit faire attention à ne pas se pencher en arrière et risquer ainsi d'être déséquilibrée. Si cela arrivait, il ne lui resterait plus qu'à allonger les pas en arrière ; de cette façon, elle redresserait le buste, opposant une résistance avec son corps et rétablissant l'équilibre.

Cavalier à reculons, dame en avant
Dans les danses de salon, l'homme ne doit jamais exécuter de suite de pas à reculons, sauf pour le fox-trot ; dans ce cas, le mouvement des pieds est semblable à celui décrit pour la femme. Toutefois, il ne doit pas y avoir d'inversion des rôles : même s'il va à reculons, le cavalier maintient son

attitude et continue à diriger la dame. Les pas en avant que celle-ci effectue sont les mêmes que ceux de l'homme lors de sa marche en avant.

Mouvement contraire du corps
Il est plus difficile à expliquer qu'à exécuter. Quand une personne se promène, elle alterne naturellement le mouvement des deux jambes en avant. Et chaque pas est facilité par le corps, qui se meut en sens contraire par rapport aux jambes : quand on avance la jambe droite, c'est le bras gauche qu'on porte en avant ; quand on avance la jambe gauche, c'est le bras droit. On appelle cela « le mouvement contraire du corps », qui s'effectue au début de toutes les rotations à droite et à gauche. Mais, dans la danse, on peut tourner, à

LA DANSE, UN MOYEN D'EXPRESSION

Le désir de danser est bien naturel. Il n'est qu'à voir les jeunes enfants s'animer et se mouvoir au son de la musique. En outre, la danse permet d'exprimer son bien-être et sa joie ; mais cela peut aussi constituer une manière d'entrer en transe et d'écarter, au moins pour un instant, ses tourments et ses peurs. Car la danse est un véritable moyen d'expression, et sans doute l'un des plus anciens et des plus universels qui soient. Tous les sentiments, tous les désirs peuvent être véhiculés par ce langage, et ils sont alors compris de tous. Qu'il s'agisse d'exorciser ses angoisses, de manifester son amour à quelqu'un, d'exprimer son refus de voir un événement se réaliser ou d'extérioriser sa haine, sa violence ou son agressivité, il n'est pas forcément besoin d'avoir recours aux mots et à la grammaire. Le message est alors délivré par le corps avec une expressivité et une force incommensurables. Pour s'en convaincre, il n'est qu'à voir toute la fierté qui se dégage d'un danseur ou d'une danseuse de flamenco, la sensualité qui émane d'un couple uni pour un tango ou encore l'insouciance et la fantaisie que laissent percevoir deux personnes se livrant à une polka effrénée.

La danse joue un rôle fondamental dans de nombreuses sociétés : elle accompagne souvent des rites d'une importance capitale symbolisant, par exemple, le passage de l'enfance à l'âge adulte ; ou bien elle peut se trouver au centre de festivités relatives à des activités saisonnières telles les moissons ; on peut encore danser pour rendre hommage à une divinité ou à une personnalité de premier plan ; enfin, on peut ainsi souhaiter la bienvenue à quelqu'un. Même si de nos jours, et plus particulièrement dans les sociétés occidentales, ces traditions et ces rites ont tendance à se perdre, la danse conserve son caractère festif, et toutes les occasions sont bonnes pour la mettre à l'honneur.

En outre, la danse peut avoir un rôle plus léger et se faire simple divertissement, que l'on soit seul, chez soi, ou entouré de quelques amis, ou même que l'on se trouve au sein d'une multitude d'inconnus dans une discothèque. Cependant, là encore, la danse acquiert une fonction sociale, facilitant les contacts et les rencontres. On comprend donc aisément pourquoi la danse, sous toutes ses formes, est une pratique si universellement partagée.

Ci-contre : sublime Rita Hayworth dans le film *Gilda*. Page ci-contre : quelques exemples du mouvement contraire du corps.

droite ou à gauche, ou encore en arrière. Dans ce cas, le mouvement contraire du corps est très utile pour faciliter le passage de la dame.

Abaissement et élévation

L'abaissement et l'élévation de la personne sont des effets chorégraphiques que l'on retrouve dans toutes les danses, à l'exception du tango. C'est un mouvement vers le bas et vers le haut qui sert à allonger les pas et à rendre la danse plus expressive. Voici comment s'effectuent cet abaissement et l'élévation qui le suit. 1. Si, par exemple, on part de la jambe droite (c'est le cas au début du pas de base de la valse lente), on plie fortement la gauche. 2. On porte en avant la jambe droite, qui doit être presque tendue, et, avec le talon, on frôle le sol pour allonger le pas. C'est là qu'on atteint le point maximal de l'abaissement. 3. En se tenant toujours plié, on porte le poids du corps sur tout le pied droit et on avance avec le buste. 4. Avec la jambe gauche, on ouvre sur le côté, légèrement en diagonale. 5. On porte le poids sur le pied gauche pour assembler les pieds tout en se levant sur les pointes, dans le même mouvement. Puis on repart de la même façon du pied gauche pour faire un autre abaissement et une autre élévation.

Pour donner une image de l'effet produit par cet enchaînement, on peut dire que le fait de s'abaisser et se soulever ressemble un peu au flux d'une onde marine, et tout écart à droite ou à gauche entraîne nécessairement l'inclinaison du corps. Dans un mouvement tel que celui qui vient d'être décrit, au moment où, avec la jambe gauche (voir le point 4 du paragraphe précédent), on s'écarte d'un pas, très légèrement en diagonale, le corps se penche vers la droite, et l'épaule gauche est alors plus haute que l'autre. L'inclinaison reste nécessaire alors même que l'on assemble les deux pieds, comme le montre l'illustration du point 5.
Naturellement, quand on reprend le mouvement de la jambe gauche, on se redresse en un mouvement contraire du corps et on répète l'inclinaison, cette fois à gauche, parce qu'on écarte la jambe droite, pour ensuite maintenir la même position quand les pieds se rejoignent.

CI-CONTRE : UN COUPLE À LA FIN D'UNE COMPÉTITION DE DANSE. LES DANSEURS SE SÉPARENT ET SE PRÉSENTENT FACE AU PUBLIC POUR RECEVOIR LES APPLAUDISSEMENTS.

La direction des pas
Dans les danses de salon, le couple suit le périmètre de la pièce et évolue dans le sens contraire à celui des aiguilles d'une montre.
Il est alors utile d'avoir en tête les bonnes « coordonnées », pour savoir avec précision dans quelle direction aller. Tout d'abord, quand le cavalier avance, même en diagonale, dans le sens contraire à celui des aiguilles d'une montre, avec le mur à sa droite, on dit qu'il évolue « le long de la ligne de danse ». Si, au contraire, le cavalier fait un demi-tour, il avance « le dos à la ligne de danse ».
Sur cette base, examinons alors la « rose des vents » formée par l'orientation des pas de danse. Imaginons la rotation du cavalier dans le sens des aiguilles d'une montre, à partir de la position de départ. Il se trouve successivement :
Face à la ligne de danse.

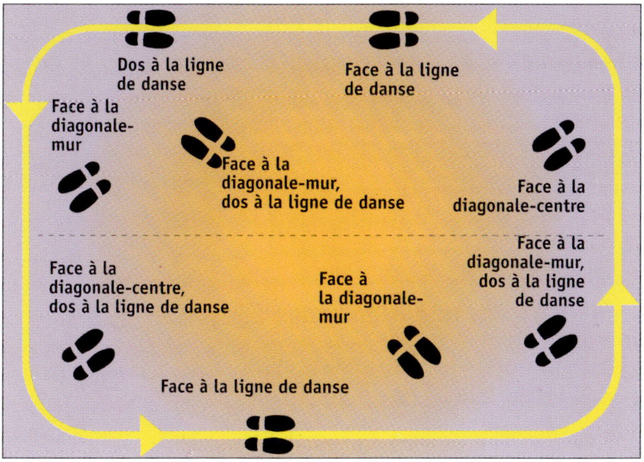

CI-CONTRE : LE SCHÉMA INDIQUE LES POSITIONS POSSIBLES DU CAVALIER PAR RAPPORT À LA SALLE. POUR DE NOMBREUSES DANSES, LE COUPLE SUIT LE PÉRIMÈTRE DE LA SALLE DANS LE SENS CONTRAIRE À CELUI DES AIGUILLES D'UNE MONTRE. CI-DESSOUS, LE SCHÉMA REPRÉSENTE LA MESURE DES TOURS POUR LA ROTATION DES DANSEURS.

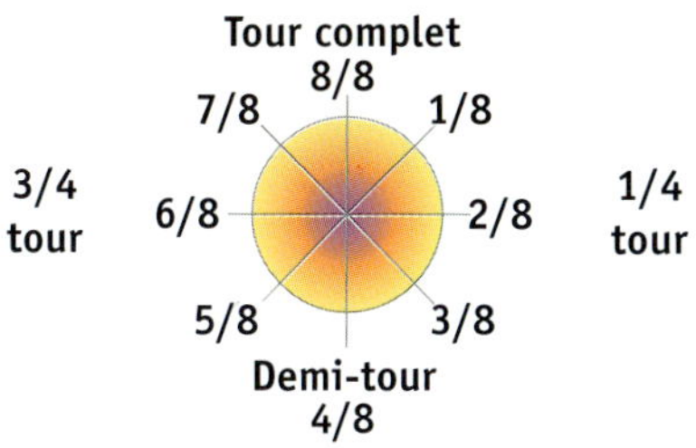

Face à la diagonale-mur le long de la ligne de danse.
Face au mur.
Face à la diagonale-mur, le dos à la ligne de danse.
Dos à la ligne de danse.
Face à la diagonale-centre de la salle, le dos à la ligne de danse.
Face au centre de la salle.
Face à la diagonale-centre de la salle, le long de la ligne de danse.

Mesure des tours

De nombreuses figures prévoient la rotation des danseurs. Et, dans nos illustrations concernant les pas, nous indiquons la mesure des tours à effectuer à l'aide de fractions. La méthode peut sembler compliquée, mais c'est le seul moyen pour garantir la précision. En pratique, pour comprendre la différence entre, par exemple, $^1/_4$ tour et $^3/_8$ tour, il suffit d'observer le diagramme reproduit sur cette page. On obtient ainsi la mesure exacte de la rotation, définie en se référant à la position des pieds.

Après la danse

La danse achevée, l'histoire ne se termine pas sur les dernières notes de musique. De même qu'il existe deux façons d'entrer en piste, il y a aussi deux manières d'en sortir. La première est la plus répandue dans les salons. Le cavalier lève le bras gauche, en tenant toujours la dame par la main ; de sa main droite, il imprime à la femme un léger élan pour lui faire faire un tour sur elle-même, dans un sens ou dans l'autre. Le second type de sortie peut servir lors des compétitions ou des manifestations importantes. Le cavalier abaisse son bras gauche, en tenant toujours la dame par la main, et il fait un pas en avant du pied gauche. Puis, dans un ample mouvement du bras gauche, il invite sa compagne à tourner ; elle lâche le cavalier et tourne sur elle-même deux ou trois fois dans le sens contraire à celui des aiguilles d'une montre.

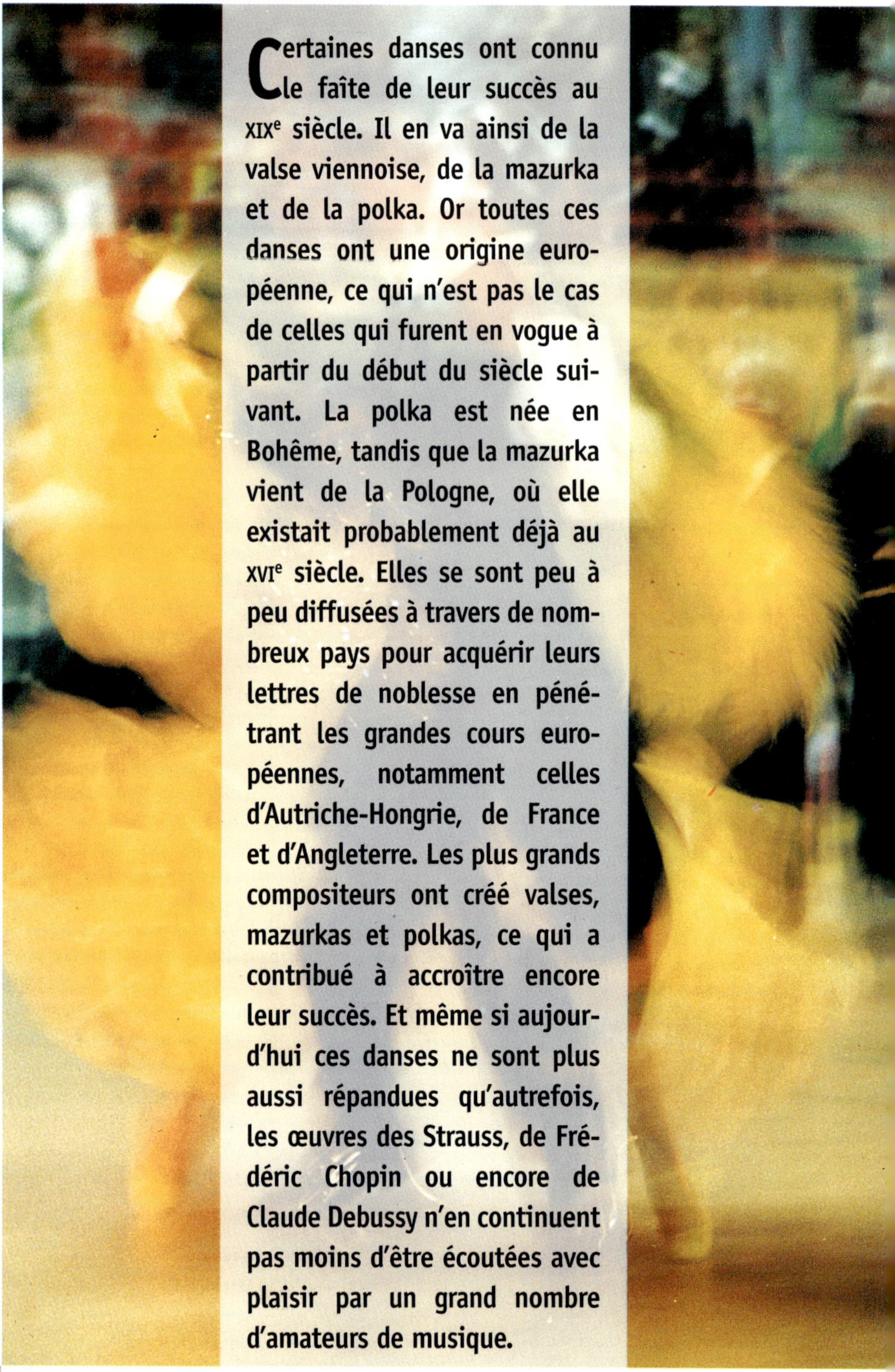

Certaines danses ont connu le faîte de leur succès au XIXe siècle. Il en va ainsi de la valse viennoise, de la mazurka et de la polka. Or toutes ces danses ont une origine européenne, ce qui n'est pas le cas de celles qui furent en vogue à partir du début du siècle suivant. La polka est née en Bohême, tandis que la mazurka vient de la Pologne, où elle existait probablement déjà au XVIe siècle. Elles se sont peu à peu diffusées à travers de nombreux pays pour acquérir leurs lettres de noblesse en pénétrant les grandes cours européennes, notamment celles d'Autriche-Hongrie, de France et d'Angleterre. Les plus grands compositeurs ont créé valses, mazurkas et polkas, ce qui a contribué à accroître encore leur succès. Et même si aujourd'hui ces danses ne sont plus aussi répandues qu'autrefois, les œuvres des Strauss, de Frédéric Chopin ou encore de Claude Debussy n'en continuent pas moins d'être écoutées avec plaisir par un grand nombre d'amateurs de musique.

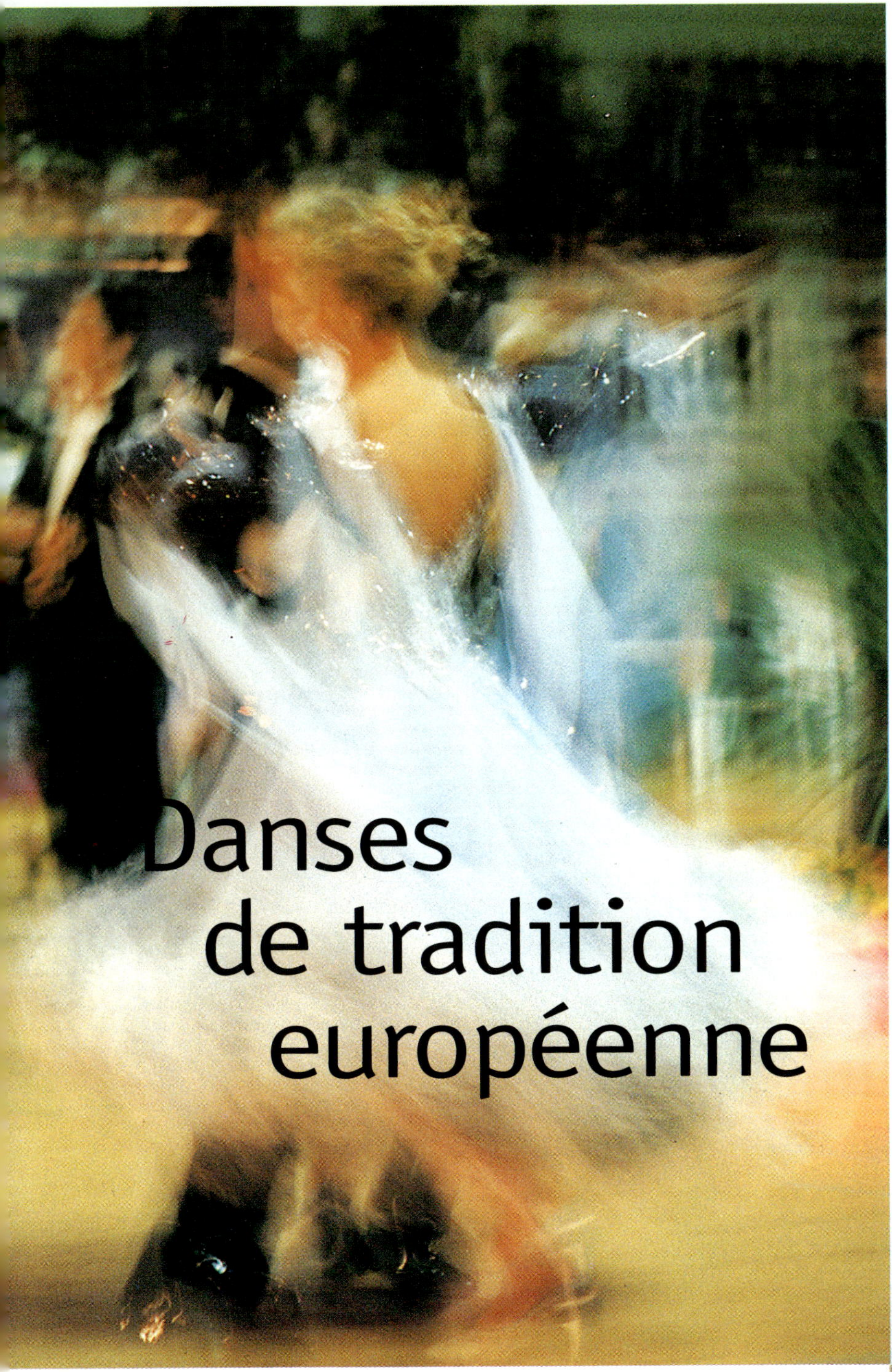

Danses de tradition européenne

Mazurka

Elle est née dans le nord de la Pologne, dans une région où on l'a dansée dès le XVIe siècle. Sur l'origine de son nom, les spécialistes ne sont pas d'accord. Pour certains, le mot vient du village de Mazurek, situé près de Varsovie ; pour d'autres, il y aurait à la base de « mazurka » le terme mazur, qui désignait les paysans des campagnes polonaises. Enfin, certaines sources font dériver le nom de la mazurka de la région polonaise où elle est née : la Mezovia. Quoi qu'il en soit, cette danse a conquis toute l'Europe à partir du XVIIIe siècle. De la Pologne, elle passa en Russie et en Hongrie avant d'arriver en Allemagne. Au siècle suivant, elle se répandit en France et en Angleterre, où elle atteignit alors le faîte de sa popularité. Au XIXe siècle, la mazurka était, avec la valse et la polka, la danse la plus en vogue dans les salles de bal européennes. A cette vaste diffusion contribuèrent très largement l'émigration polonaise et la renommée de certains compositeurs.

Liberté d'exécution

Par rapport à la valse et à la polka, la mazurka a toujours exercé un charme particulier en raison de la grande liberté d'interprétation qu'elle permet. En effet, chacun peut, en exécutant les mouvements, donner libre cours à sa capacité personnelle d'improvisation. Pour donner une idée de l'autonomie laissée aux interprètes, il suffit de penser qu'au milieu du XIXe siècle les amateurs connaissaient, à côté des pas considérés comme la base de la danse, près de soixante figures supplémentaires plus ou moins complexes. En outre, cette danse a en commun avec la valse deux caractéristiques : le rythme à trois temps et l'accent porté sur le premier battement. En raison sans doute de sa popularité, de nombreux compositeurs de l'époque se consacrèrent à la mazurka et, parmi eux, le musicien polonais le plus célèbre : Frédéric Chopin. Sa vaste production d'œuvres pour piano comporte, à côté des nocturnes, préludes, études, valses et polonaises, 59 mazurkas. Sa passion pour ce genre musical était liée, dit-on, aux souvenirs de son enfance en Pologne. Les Strauss, père et fils, qui ont imaginé plus de 70 de ces danses, donnèrent aussi ses lettres de noblesse à la mazurka.

CI-DESSUS : LE WIENER PHILHARMONIKER, GRAND ORCHESTRE PHILHARMONIQUE DE VIENNE, CÉLÈBRE POUR SON CONCERT DU JOUR DE L'AN, RÉGULIÈREMENT RETRANSMIS À LA TÉLÉVISION.
À DROITE : LA MAZURKA DANSÉE À PARIS, SELON UNE LITHOGRAPHIE DU XIXE SIÈCLE.
À GAUCHE : UN ACCORDÉONISTE, VU À TRAVERS UNE ILLUSTRATION DES ANNÉES 20, DUE AU POÈTE ITALIEN OLIVEIRO GIRONDO. L'ACCORDÉON EST, AVEC LA CLARINETTE, L'INSTRUMENT QUI DONNE SA SONORITÉ TELLEMENT CARACTÉRISTIQUE À LA MAZURKA.

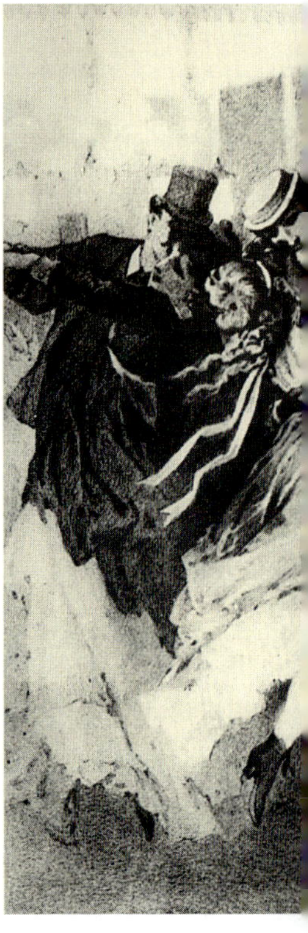

Ce genre musical offrit en outre au ballet classique de nouvelles possibilités d'expression et de chorégraphie. C'est ainsi qu'une mazurka de Chopin fut utilisée par le danseur russe Michel Fokine pour la suite du ballet *Les Sylphides*, tandis que le compositeur français Léo Delibes s'essaya à la mazurka dans son ballet *Coppélia* (1870). Au début du XXe siècle, elle tomba dans un oubli favorisé par l'apparition de nouvelles danses, comme le tango, d'abord, le ragtime et le jazz ensuite. A l'heure actuelle, la mazurka est toujours vivante, grâce à la tradition populaire ; comme la polka, elle est surtout dansée en Italie, particulièrement en Romagne, et les orchestres de musique traditionnelle la perpétuent. Mais il se trouve que ces deux dernières danses sont également pratiquées aux États-Unis, ce qui ne laisse pas de surprendre. Il faut toutefois considérer que l'immigration italienne reste, là-bas, très présente et active, et qu'elle s'efforce de garder vivantes ses racines et ses traditions. Les vrais amateurs de polka et de mazurka ont un grand rendez-vous annuel : le concert de nouvel an donné par l'orchestre philharmonique de Vienne. Cet événement est, depuis maintenant plusieurs années, retransmis à la télévision et connaît un grand succès d'audience. Beaucoup de gens ont ainsi pris l'habitude de commencer l'année nouvelle en gaieté, sur les rythmes entraînants de la musique des Strauss, père et fils, auteurs prolixes, on le sait, non seulement de polkas et de mazurkas, mais aussi des célèbres valses.

Mazurka

PAS DE BASE OU MARCHE PROGRESSIVE, 6 PAS

Appuis
Cavalier. 1 talon-pointe de pied, 2 pointe, 3 pointe-talon, 4 talon-pointe, 5 pointe, 6 pointe-talon
Dame. 1 pointe-talon, 2 pointe, 3 pointe-talon, 4 pointe-talon, 5 pointe, 6 pointe-talon.

C'est une marche rectiligne, avec des pas dont la cadence est la suivante : long, court, court, long, court, court. Le cavalier suit la ligne de danse qui est formée par le périmètre de la salle, dans le sens contraire à celui des aiguilles d'une montre. Pour la légèreté du mouvement, dame et cavalier maintiennent les jambes légèrement fléchies. Ce pas de base ne peut être composé au maximum que de trois pas qui permettent ainsi de tourner à droite. Et comme le rythme est de 3/4, cette marche peut s'allonger de 6 à 9 pas.

1

Cavalier.
Il avance d'un pas avec la jambe gauche, frôle le plancher du talon, la pointe levée, puis pose tout le pied. Le corps suit le mouvement en avant du pied gauche, de façon que le droit se libère pour le pas suivant.
Dame.
Ramenant en arrière la jambe droite elle recule d'un pas, pose la pointe, puis le talon ; le corps suit alors le mouvement en avant. Le pied gauche se libère pour se déplacer à son tour.

2

Cavalier.
Les jambes très légèrement fléchies, il avance du pied droit et pose la pointe.
Dame.
Elle recule avec la jambe gauche, et ne pose que la pointe du pied.

3

Cavalier.
Il avance avec l'autre jambe, la gauche, et pose la pointe du pied.
Dame.
Elle recule avec la jambe droite et s'appuie sur la pointe, puis sur le talon.

4

Cavalier.
Avec la jambe droite, il exécute le quatrième pas en avant et cette fois pose d'abord le talon, puis la pointe.
Dame.
Elle fait un pas en arrière avec la jambe gauche, de la pointe, puis du talon.

5

Cavalier.
Il avance avec la jambe gauche et pose la pointe du pied, mais pas le talon.
Dame.
Pour faciliter le mouvement de l'homme, elle recule avec la jambe droite, de la pointe.

6

Cavalier.
Il effectue le dernier pas avec la jambe droite et pose la pointe du pied et le talon.
Dame.
Elle recule avec la jambe gauche, de la pointe et pose le talon.

<u>**POSITION**</u>
Cavalier.
Le buste est droit, les épaules sont détendues ; les bras et les coudes sont dans la position correcte et invitent la dame au mouvement.
Dame.
Elle a aussi le buste droit et maintient la position de départ.

TOUR À DROITE FERMÉ, 6 PAS

Appuis
Cavalier. 1 talon-pointe, 2 pointe, 3 pointe-talon, 4 pointe-talon, 5 pointe, 6 pointe-talon.
Dame. 1 pointe-talon, 2 pointe, 3 pointe-talon, 4 talon-pointe, 5 pointe, 6 pointe-talon.

Après les trois premiers pas de la marche progressive, le cavalier se prépare au tour à droite par une rotation naturelle du buste à droite. La dame, qui recule et s'oppose donc à l'homme, est prête pour une rotation qui facilite celle de son partenaire.

1

Cavalier. Avec la jambe droite, il avance le talon face à la diagonale-mur, puis fléchit les genoux et a ainsi accompli $^1/_8$ tour à droite.
Dame. Elle déplace la jambe gauche de côté sur la pointe et effectue $^1/_8$ tour.

2

Cavalier. Il déplace la jambe gauche de côté, pose la pointe du pied et effectue $^1/_4$ tour.
Dame. Elle tourne en arrière du pied droit et pose la pointe, effectuant $^1/_3$ tour.

LA DAME EST UNE ÉTOILE

Dans de nombreuses danses, on le sait, c'est l'homme qui invite la femme et la guide. Dans la mazurka, au contraire, la dame a le privilège de choisir son partenaire, et elle occupe une place dominante, concentrant sur elle tous les regards.
En évoluant, elle prend une véritable attitude de diva, d'étoile admirée par tous. Durant la marche du pas de base, comme dans l'exécution des autres figures, la femme sourit avec coquetterie au public, évoluant avec grâce et élégance, ayant l'air de dire : « Regardez comme je suis souple et légère. »
Ce n'est pas un hasard si la robe idéale pour une danseuse de mazurka est toujours longue, richement ornée et ample, de façon que la dame puisse virevolter et attirer le regard, telle une princesse. La tâche du cavalier se réduit donc essentiellement à accompagner la dame dans sa fière exhibition. Il s'efforce en effet, par la souplesse de ses mouvements, de mettre davantage encore sa partenaire en valeur

3

Cavalier.
Il joint le pied droit au gauche, tourne encore et complète le tour.
Dame.
Elle fait le contraire, joint le pied gauche au droit et se trouve face à la ligne de danse.

4

Cavalier.
Il ramène en arrière la pointe du pied gauche et fait $^{1}/_{8}$ tour avec les bras et le buste.
Dame.
Elle avance du talon avec la jambe droite, se prépare à suivre le mouvement du partenaire et effectue $^{1}/_{8}$ tour.

5

Cavalier.
Nouvelle rotation de $^{1}/_{3}$ tour vers la droite avec le pied droit. Il porte le poids du corps sur la pointe du pied droit. Avec les bras et le corps, il facilite la rotation de la dame.
Dame.
Elle exécute le même mouvement que le cavalier, mais en écartant le pied gauche et en faisant $^{1}/_{3}$ tour. Durant toute la rotation, cavalier et dame doivent maintenir le buste droit et les épaules souples, comme dans la position de départ.

6

Cavalier.
Il joint le pied gauche au droit et continue la rotation.
Dame.
Elle joint le pied gauche au droit et continue la rotation de $^{1}/_{8}$ tour. A ce moment, le couple est en position pour commencer un autre tour à droite ou les mouvements 4, 5 et 6 du pas de base.

Après le troisième pas de la marche, il amorce le tour à droite.

TOUR À GAUCHE FERMÉ, 6 PAS

Appuis
Cavalier. 1 talon-pointe, 2 pointe, 3 pointe-talon, 4 pointe-talon, 5 pointe, 6 pointe-talon.
Dame. 1 pointe-talon, 2 pointe, 3 pointe-talon, 4 talon-pointe, 5 pointe, 6 pointe-talon.

Le tour à gauche est plus difficile à effectuer que le tour à droite. En effet, tandis que pour ce dernier le cavalier commence le tour par un pas qu'il engage entre les pieds de la dame, le tour à gauche s'amorce du pied gauche pour le cavalier, placé en dehors des pieds de la dame.
D'où les appellations de « tour naturel » pour le tour à droite et de « tour à l'envers » pour le tour à gauche.

1

Cavalier. Avec le talon gauche, il fait un pas, face à la diagonale-centre ; il fléchit les genoux, et a ainsi accompli $^{1}/_{8}$ tour à gauche.
Dame. Elle pose la pointe droite en arrière et fait $^{1}/_{8}$ tour.

2

Cavalier. Il allonge la jambe droite, en tournant le buste à gauche de $^{1}/_{8}$ tour, et pose la pointe du pied droit.
Dame. Elle continue la rotation en arrière, écarte le pied gauche, pose la pointe du pied droit.

LA LONGUEUR DES PAS

Elle varie en fonction de l'habileté des danseurs. Aux débutants, on conseille une marche de base selon la cadence suivante : 1 long, 2 court, 3 court, 4 long, 5 court, 6 court. Ici, le premier et le quatrième pas sont plus longs que les pas suivants, car ils soulignent la mesure la plus marquée. Pour les danseurs confirmés, ou lors des compétitions, la marche de base est moins cadencée, comme si tous les pas étaient presque égaux. Ce procédé favorise la fluidité du mouvement du couple. Alors, pourquoi suggère-t-on aux néophytes une longueur de pas différente ? C'est que cela permet aux moins adroits d'acquérir, précisément, l'aisance. Pour les débutants, la cadence : long, court, court facilite la marche, sans que le couple se désolidarise. Ensuite, une fois qu'on a obtenu la maîtrise nécessaire, on peut exécuter des pas presque de la même longueur, comme le prescrivent les canons de la mazurka.

3

Cavalier.
Il joint le pied gauche au droit et, avec ce mouvement, il conclut la première partie du tour.
Dame.
Elle joint le pied droit au gauche et se trouve face à la ligne de danse. A la fin de ce mouvement, le couple a fait $^{1}/_{2}$ tour.

4

Cavalier.
Il recule avec la pointe du pied droit et tourne les bras et le buste à gauche de $^{1}/_{8}$ tour.
Dame.
Elle avance, du talon, la jambe gauche, suit son partenaire, puis effectue elle aussi $^{1}/_{8}$ tour.

5

Cavalier.
Il fait $^{1}/_{3}$ tour en écartant le pied gauche, et porte le poids sur la pointe. Bras et buste suivent la rotation et facilitent le passage de la danseuse.
Dame.
Elle accomplit le même mouvement que le cavalier, mais écarte le pied droit et fait $^{1}/_{3}$ tour.

6

Cavalier.
Il joint le pied droit au gauche et complète la rotation.
Dame.
Elle joint le pied gauche au droit et effectue encore $^{1}/_{8}$ tour. Revenu à la position de départ, le couple est prêt, soit pour un autre tour à gauche, soit pour reprendre les pas 1,2,3 de la marche de base.

La main gauche du cavalier se tient à la hauteur de ses yeux.

TOUR À DROITE OUVERT, 6 PAS

Appuis
Cavalier. 1 talon-pointe, 2 pointe, 3 pointe-talon, 4 pointe-talon, 5 pointe, 6 pointe-talon.
Dame. 1 pointe-talon, 2 pointe, 3 pointe-talon, 4 talon-pointe, 5 pointe, 6 pointe-talon.

La différence entre le tour à droite ouvert et le tour fermé est que, dans le tour fermé, la dame fait toujours face au cavalier, tandis que dans le pas ouvert, aux pas 3 et 4, elle est à l'extérieur. Il faut aussi avoir bien en tête que si l'homme répète le tour à droite ouvert, il doit rester à l'extérieur, par rapport à la dame, au pas 6 du premier tour à droite et au pas 1 du second tour à gauche.

1

Cavalier.
Avec la jambe droite, il fait un pas en avant, du talon, face à la diagonale-mur, fléchit les genoux et accomplit ainsi $1/8$ tour à droite.
Dame.
Elle déplace la jambe gauche en arrière, sur la pointe, et effectue aussi $1/8$ tour.

2

Cavalier.
Il continue la rotation à droite, allonge la jambe gauche autour de la dame, pose la pointe du pied et fait $1/4$ tour.
Dame.
Elle fait $1/3$ tour en tendant le pied droit et en posant la pointe.

La main droite du cavalier est posée sur l'omoplate de la femme, les doigts fermés.

3

Cavalier.
Avec la jambe droite, il recule d'un pas le long de la ligne de danse, pose la pointe du pied et achève la rotation de $^{1}/_{8}$ tour.
Dame.
Elle avance avec la jambe gauche, pose d'abord la pointe, puis le talon, se prépare alors à la figure « en dehors du partenaire » en se plaçant à droite du cavalier.

4

Cavalier.
Il recule le long de la ligne de danse avec la jambe gauche et pose la pointe du pied ; le pas est très long. Avec le bras droit, il conduit les pas en avant de la danseuse.
Dame.
En avançant la jambe droite, elle pose d'abord le talon, puis la pointe.

5

Cavalier.
Il fait $^{1}/_{4}$ tour en déplaçant la jambe droite de côté, et se trouve donc dos au mur. La main droite aide la dame à exécuter sa rotation.
Dame.
Elle suit le mouvement du cavalier, fait $^{1}/_{4}$ tour, en déplaçant la jambe droite de côté.

6

Cavalier.
Les bras et le buste font $^{1}/_{4}$ tour à droite, et la jambe gauche se porte en avant, le long de la ligne de danse.
Dame.
Elle recule avec la jambe droite et effectue de même $^{1}/_{8}$ tour.

LE PROGRAMME IDÉAL

La mazurka est écrite dans un temps à 3/4 et se compose de seize mesures de musique caractérisées par la présence d'une pause ; chaque battement de mesure correspond à un pas. Un programme de danse adapté aux débutants commence toujours par une marche de base de neuf pas ; puis on exécute deux tours à droite fermés, on répète les neuf pas de base et ensuite on fait le tour à gauche fermé, à exécuter deux fois ; on termine enfin par la base de trois pas et le pas stop. Pour les experts, le programme est le suivant : neuf pas de marche, deux tours à droite ouverts, neuf pas de marche, deux tours à gauche ouverts, trois pas de base et le pas stop.

TOUR À GAUCHE OUVERT, 6 PAS

Appuis
Cavalier. 1 talon-pointe, 2 pointe, 3 pointe-talon, 4 pointe-talon, 5 pointe, 6 pointe-talon.
Dame. 1 pointe-talon, 2 pointe, 3 pointe-talon, 4 talon-pointe, 5 pointe, 6 pointe-talon.

Le cavalier, qui se trouve face à la ligne de danse, se prépare au tour à gauche, avec la rotation des épaules et du buste en direction de la diagonale-centre de la salle.

1

Cavalier. Avec la jambe gauche, il fait du talon un pas face à la diagonale-centre, fléchit les genoux et accomplit ainsi $^1/_8$ tour.
Dame. Elle recule la jambe droite, sur la pointe, et effectue $^1/_8$ tour.

2

Cavalier. Il fait $^1/_8$ tour à gauche en écartant la jambe droite latéralement, pose la pointe du pied et se trouve face au centre de la salle.
Dame. Elle fait $^1/_8$ tour en arrière en déplaçant le pied gauche sur le côté, et pose la pointe.

Dans le premier pas du tour à gauche, il est fondamental de poser d'abord le talon, puis la pointe.

À LA DROITE DE L'HOMME

Jusqu'au XVIIIe siècle, surtout chez les nobles, le port de l'épée était d'usage pour les hommes, même lors des fêtes et des grands bals. De cette tradition provient sans doute la coutume selon laquelle, au moment où le cavalier fait son entrée sur la piste de danse, la dame se tient à sa droite, légèrement en retrait. De cette façon, si l'homme portait l'épée, il pouvait, d'un simple mouvement du bras droit, en sortir la lame, prêt ainsi à défendre sa compagne.
Aujourd'hui, bien que les mœurs et coutumes aient changé et que les hommes ne soient plus armés, l'attitude est restée, et le cavalier se conduit encore comme s'il portait toujours l'épée. En outre, l'homme se doit d'avoir, envers sa partenaire, un comportement chevaleresque.

3

Cavalier.
Avec la jambe gauche, il recule d'un pas le long de la ligne de danse, pose la pointe du pied et fait $^{1}/_{4}$ tour.
Dame.
Elle avance avec la jambe droite en dehors de son partenaire, pose d'abord la pointe, puis le talon, et fait $^{1}/_{4}$ tour.

4

Cavalier.
Il recule le long de la ligne de danse avec la jambe droite et pose la pointe du pied ; le pas est résolument long. Il fait $^{1}/_{8}$ tour.
Dame.
Elle avance avec la jambe gauche, pose d'abord le talon, puis la pointe, et fait $^{1}/_{8}$ tour.

5

Cavalier.
Il fait $^{1}/_{8}$ tour à gauche, écartant la jambe gauche sur le côté, et se trouve face au mur. La main gauche aide la danseuse à exécuter la rotation.
Dame.
Elle suit le cavalier, effectue $^{1}/_{8}$ tour, tout en déplaçant la jambe droite de côté.

6

Cavalier.
Il tourne les bras et le buste de $^{1}/_{4}$ tour à gauche et porte la jambe droite en avant, le long de la ligne de danse.
Dame
Elle recule avec la jambe gauche et fait $^{1}/_{4}$ tour.

Au point 4, le danseur porte le poids du corps sur sa jambe arrière.

PAS STOP, 3 PAS

Appuis
Cavalier. 1 tout le pied, 2 pointe, 3 pointe.
Dame. 1 tout le pied, 2 tout le pied, 3 pointe.

Dans la mazurka, la mesure se compose de trois temps, et à chacun d'eux correspond un pas. Le pas stop est une figure qui s'exécute toutes les quinze mesures et qui constitue la fermeture de la phrase musicale. Celle-ci compte globalement seize séquences. Mais le dernier battement de la dernière mesure, et donc l'ultime mouvement de cette figure, une pause, est aussi la principale caractéristique de cette danse. Après la pause du pas 3, on reprend la marche du pied gauche.

1

Cavalier. Il allonge la jambe droite sur le côté et pose tout le pied ; des bras, il conduit la dame vers la droite. Le mouvement est ample.
Dame. Elle déplace la jambe gauche sur le côté en posant sur tout le pied le poids du corps.

2

Cavalier. Il joint la jambe gauche à la droite ; le genou gauche est fléchi et le pied repose sur la pointe ; le poids du corps reste sur la jambe droite. Cette position, qui caractérise le pas stop, est idéale pour le départ du pas de base.
Dame. Elle assemble les pieds ; les jambes sont légèrement fléchies.

LA DANSE, UN DIVERTISSEMENT

COMME LES AUTRES DANSES, LA MAZURKA DEMANDE BEAUCOUP D'ESPACE. DANS UNE SALLE DE BAL, CELUI-CI EST SOUVENT INSUFFISANT, C'EST POURQUOI IL EST UTILE DE MESURER LA LONGUEUR DES PAS ET L'AMPLEUR DES ROTATIONS, POUR QUE LES COUPLES NE SE HEURTENT PAS. SI LA PISTE EST TRÈS ENCOMBRÉE, IL FAUT ÉVITER D'EXÉCUTER LES TOURS À DROITE ET À GAUCHE OUVERTS. DANS CES FIGURES, EN EFFET, LA DAME S'ÉCARTE DE SON PARTENAIRE ET LE COUPLE A BESOIN D'UN PLUS GRAND ESPACE. EN OUTRE, IL NE FAUT PAS OUBLIER QUE DANSER EST UN DIVERTISSEMENT OUVERT À TOUS ET, PAR CONSÉQUENT, DANS UNE SALLE DE BAL, L'ESPACE APPARTIENT À TOUT LE MONDE. ENFIN, UN DERNIER CONSEIL : SI LA MUSIQUE EST RAPIDE, COMME C'EST SOUVENT LE CAS, LES PAS DOIVENT ÊTRE COURTS POUR CONSERVER LE TEMPO.

3

Temps de pause
Les danseurs s'immobilisent.

4

Cavalier.
Il avance d'un pas avec le pied gauche, frôle le plancher de la pointe du pied et pose tout le pied. Le poids du corps passe sur le pied gauche, en libérant le droit pour qu'il puisse se déplacer à son tour.
Dame.
Elle recule le pied droit, sur lequel elle ramène son poids ; le gauche est prêt pour le pas suivant.

Aux points 2 et 3, le cavalier place la pointe du pied gauche au côté du talon droit. Les pieds joints, la dame est prête à repartir du pied droit.

Valse viennoise

La valse est probablement l'une des danses les plus populaires qui soient. Mais ce terme recouvre en fait plusieurs variantes : il existe en effet la valse française, la valse anglaise et la valse viennoise, au tempo plus rapide. C'est au XIXe siècle que la valse connut une vogue vraiment extraordinaire, au point d'éclipser toutes les autres danses.

L'incessant tournoiement du couple lui confère une grâce à nulle autre égale. L'homme et la femme étroitement enlacés offrent alors l'image d'une parfaite complicité et semblent incarner, le temps de quelques mesures, l'amour idéal. Car la valse a toujours été un véritable symbole de romantisme. Elle évoque immanquablement les bals des grandes cours européennes du siècle passé, les belles et amples robes des femmes désirant se faire remarquer, les lambris des palais, les musiciens en queue-de-pie…

Si valser peut au premier abord sembler relativement facile, il faut en fait beaucoup d'entraînement pour parvenir à évoluer avec légèreté, grâce et élégance. Mais, une fois qu'on maîtrise les pas de base et que les mouvements acquièrent une grande fluidité, se laisser emporter par la musique au bras d'un ou une partenaire devient un merveilleux plaisir.

CI-DESSUS : UNE AFFICHE DE LA BELLE ÉPOQUE (1903). IL S'AGIT D'UNE PUBLICITÉ POUR UN CÉLÈBRE CAFÉ-CONCERT DE ROME, L'OLYMPIA.
PAGE CI-CONTRE : UNE SCÈNE DU FILM *LE GUÉPARD*, DE LUCHINO VISCONTI (1963), TIRÉ DU ROMAN HOMONYME DE GIUSEPPE TOMASI DI LAMPEDUSA. LA SCÈNE, SITUÉE EN SICILE, DURANT L'ANNÉE 1860, NOUS MONTRE LE PRINCE DE SALINA (BURT LANCASTER) DANSANT AVEC ANGELICA (CLAUDIA CARDINALE) À L'OCCASION DU RETOUR DE SON NEVEU TANCRÈDE (ALAIN DELON), REVENU D'UN COMBAT LIVRÉ CONTRE LES PIÉMONTAIS POUR LA LIBÉRATION DE LA SICILE.

Le symbole nostalgique d'une époque désormais révolue

La valse est étroitement associée à l'amour. La façon dont les deux partenaires se tiennent enlacés est en effet très évocatrice. Au XIXe siècle, à une époque où les relations entre les hommes et les femmes étaient extrêmement surveillées et limitées, la valse permettait d'exprimer une certaine sensualité, et les bals étaient l'une des plus belles occasions de rencontrer des personnes du sexe opposé. En outre, le fait de tournoyer au rythme de la musique pouvait paraître particulièrement grisant. La valse offrait ainsi une situation limite, où l'homme et la femme étaient pour un moment unis, sans toutefois contrevenir aux règles de la bonne société alors en vigueur.

Parce qu'elle a connu le faîte de sa gloire dans les cours des rois et des empereurs – en particulier celle des Habsbourg, à Vienne, en Autriche –, la valse reste aujourd'hui encore symbole de noblesse et de raffinement. Mais elle est désormais empreinte d'une certaine nostalgie, celle d'un monde et d'une époque à tout jamais révolus.

C'est le 28 juin 1914 que tout s'est effondré. En effet, ce jour-là, l'archiduc d'Autriche François-Ferdinand et sa femme Sophie étaient en visite à Sarajevo, qui appartenait alors à l'Empire austro-hongrois. Leur présence devait être fêtée le soir même avec tous les égards dus à leur rang, ce qui impliquait donc la tenue d'un bal où la valse serait bien entendu à l'honneur. Mais l'archiduc fut assassiné, et cet événement fut l'étincelle qui provoqua la Première Guerre mondiale. Au lendemain du conflit, en 1918, le monde avait changé de face, l'empire des Habsbourg était en ruine et les populations aspiraient à oublier l'horreur des quatre dernières années et à s'étourdir dans la fête. Ce furent alors les Années folles. De nouveaux rythmes, de nouveaux styles de musique, de nouvelles danses firent leur apparition : jazz, charleston, fox-trot, tango, etc., détrônèrent définitivement la valse.

Si l'on connaît bien les conditions dans lesquelles la valse a perdu sa popularité, les origines de cette danse restent en revanche dans le flou le plus total. Le mot lui-même vient de l'allemand *walzen*, qui signifie « tourner ». Pour les Allemands, la valse viendrait d'anciennes danses germaniques, telles la *Nachtanz,* ou la *Springtanz*, qui ont comme elle un caractère extrêmement entraînant et dynamique. Toutefois, d'autres peuples se sont chargés de disputer aux Allemands et aux Autrichiens la paternité de la valse. Les Français voient en effet dans la volte provençale l'ancêtre de la valse. Mais sa véritable origine n'a finalement que très peu d'importance.

Rémi Hess, auteur d'un ouvrage intitulé *La Valse, révolution du couple en Europe*, y voit quant à lui un pur produit de la culture européenne, une forme musicale qui, en quatre siècles, a réussi à s'imposer dans plusieurs pays, subissant de continuelles métamorphoses. Pourquoi, dès lors, ne pas faire remonter les origines de la valse au Moyen Age et à toutes les danses de couple ? Certaines d'entre elles connurent d'ailleurs l'interdit, la dame et son cavalier ayant, jugeait-on, un contact physique beaucoup trop important, ce qui paraissait profondément immoral. Ainsi dans la volte, par exemple, la femme posait-elle la main sur l'épaule de son partenaire, tandis que celui-ci posait la sienne sur la hanche de la femme. Pour bien rester en rythme, les danseurs étaient contraints de s'étreindre de très près, ce qui paraissait choquant. Or, il en fut exactement de même de la valse. Comme on l'a déjà rappelé, les partenaires sont là aussi étroitement enlacés, c'est pourquoi cette danse a pu paraître à certaines époques comme particulièrement licencieuse.

Avec la Révolution française, cependant, les choses changèrent. Ce qui apparaissait jusqu'alors comme hautement immoral ne fit plus l'objet des mêmes condamnations. A partir de ce moment, la valse connut un grand succès, aussi bien parmi les couches les plus modestes de la société qu'au sein de la bourgeoisie. Elle envahit les lieux publics, faisant littéralement fureur dans les nombreuses salles de bal parisiennes. Les troupes napoléoniennes se chargèrent par la suite de la faire connaître à travers toute l'Europe.

Dès lors, elle fut en faveur à la cour de Russie – c'était la danse préférée de la maîtresse attitrée du tsar Paul ; en Angleterre, où elle fut introduite dès 1810, elle connut une consécration officielle en 1826, lorsque le prince régent la hissa au rang de danse de cour. Mais cette initiative ne fut guère appréciée par le *Times*, qui jugeait absolument inconvenante la façon dont la dame était étreinte par son cavalier. A la même époque, en Allemagne, le grand écrivain Johann von Goethe faisait preuve quant à lui d'un réel enthousiasme à l'égard de cette danse, et, dans son célèbre roman *Les Souffrances du jeune Werther*, il fit danser son héros avec la femme qu'il aimait.

Cependant, c'est à Vienne que la valse a trouvé sa véritable patrie. Après l'effondrement de l'empire de Napoléon, la capitale autrichienne devint le nouveau point de mire de l'Europe. C'est dans cette ville que se tint, en 1814-1815, le Congrès qui avait pour objectif d'établir une paix durable et de dessiner la nouvelle carte politique de l'Europe, en restituant leur souveraineté à tous les monarques qui avaient régné avant la Révolution française. Mais la restauration des anciens régimes ne s'accompagna nullement du retour en faveur des danses de cour tel le menuet. C'est bien la valse qui connut un succès croissant, et c'est précisément à cette époque qu'elle subit une modification de première importance : l'accentuation du rythme, un phénomène qui la rendit à la fois beaucoup plus enjouée et plus romantique. Simultanément, son évolution fut favorisée par l'apparition d'un nouveau type de parquet qui permettait aux danseurs de mieux glisser sur le

À GAUCHE : AFFICHE DE 1910 SIGNÉE PAR L'ILLUSTRATEUR LEOPOLD METLICOVITZ. PAGE CI-CONTRE : UNE SCÈNE DU FILM *SISSI* (1955) RELATANT L'HISTOIRE D'AMOUR DE LA JEUNE PRINCESSE ÉLISABETH DE BAVIÈRE ET DU FUTUR EMPEREUR D'AUTRICHE. SUR LA PHOTO, SISSI, INCARNÉE PAR ROMY SCHNEIDER, JUSTE APRÈS SON MARIAGE AVEC LE TRÈS JEUNE FRANÇOIS-JOSEPH (KARLHEINZ BÖHM).

sol, et donc de moins sautiller, ce qui donnait davantage de fluidité aux déplacements du couple.

C'est également à Vienne que virent le jour les deux musiciens qui composèrent les plus belles et les plus célèbres valses : Johann Strauss père (1804-1849) et fils (1825-1899). Le premier commença à composer dès l'âge de 15 ans, d'abord avec son ami Joseph Lanner, puis seul, après qu'ils se furent violemment disputés. A partir des années 1825-1830, Strauss père connut une gloire considérable, se produisant dans toutes les grandes villes d'Europe, ce qui lui valut d'être gratifié du titre de « père de la valse ». Parmi les nombreux morceaux qu'on lui doit, on peut citer notamment *La Marche de Radetzky*, composée en l'honneur de l'empereur d'Autriche François-Joseph et de sa victoire sur les mouvements révolutionnaires qui avaient agité la Hongrie et la Lombardie-Vénétie.

Son fils Johann, dont la réputation devait surpasser la sienne, fut quant à lui nommé compositeur officiel des bals de la cour des Habsbourg, bien que, sur le plan politique, il se fût rallié à la gauche. Parmi ses nombreuses pièces musicales, l'œuvre la plus célèbre de Johann Strauss fils est sans conteste *Le Beau Danube bleu*, qui, en 1872 à Boston, fut interprété par un ensemble de 1 087 musiciens dirigés par quelque 200 chefs d'orchestre et accompagnés d'un chœur de 20 000 voix, tout cela devant un public de 100 000 personnes. L'extrême diversité des mouvements du *Beau Danube bleu* montre à l'évidence qu'il a été composé pour la danse.

Il est en effet à noter que, en plus des salles de bal, la valse a investi les salles de concert soit de manière totalement autonome, soit en s'intégrant aux formes du répertoire classique. Ainsi des airs de valse figurent-ils, par exemple, dans la *Symphonie fantastique* (1830) d'Hector Berlioz, dans l'opéra *Parsifal* (1882) de Richard Wagner, dans de nombreuses compositions de Franz Schubert ou encore dans le ballet *Casse-Noisette* (1892) de Piotr Ilitch Tchaïkovski. Le caractère gai et le rythme particulièrement entraînant de la valse la placèrent également au centre de toutes sortes d'opérettes, comme *La Chauve-Souris* (1874) de l'incontournable Johann Strauss, *La Veuve joyeuse* (1905) et *Le Comte de Luxembourg* (1909) de Franz Lehar. Enfin, l'un des hommages les plus récents rendus à la valse est une comédie musicale donnée à Broadway, *The Little Night Music (La Petite Musique de nuit)*, composée en 1974 par le musicien Stephen Sondheim, d'après le film du Suédois Ingmar Bergman *Sourires d'une nuit d'été*.

Aujourd'hui, la valse n'est plus une danse aussi répandue que par le passé, mais elle n'en conserve pas moins tout son charme et son romantisme, rassemblant un grand nombre d'adeptes à travers le monde. Et chaque année, lors du grand bal qui est donné à l'Opéra de Vienne, à l'occasion du jour de l'an, les danseurs se trouvent très nombreux à venir goûter, le temps d'une soirée, aux plaisirs de la valse et à imaginer l'ambiance fastueuse qui pouvait être celle d'une réception donnée à la cour impériale au temps des Habsbourg.

Valse viennoise

PAS DE BASE, 6 PAS

Appuis
Cavalier. 1 pointe-talon, 2 pointe, 3 pointe-talon, 4 talon-pointe, 5 pointe, 6 pointe-talon.
Dame. 1 pointe-talon, 2 pointe, 3 pointe-talon, 4 pointe-talon, 5 pointe, 6 pointe-talon.

On commence toujours sur le côté droit de la salle et on procède dans le sens contraire à celui des aiguilles d'une montre. Le pas de base est une marche semblable à celle de la mazurka, mais son rythme est plus rapide et les pas sont plus courts. Le premier pas est naturel, le deuxième et le troisième sont courts ; les pieds ne sont jamais assemblés. Il s'agit d'un rythme ternaire, *moderato* ou *vivace* selon que la musique est plus ou moins rapide, caractérisé par un premier battement fortement accentué et qui, dans la marche, correspond aux points 1 et 4.

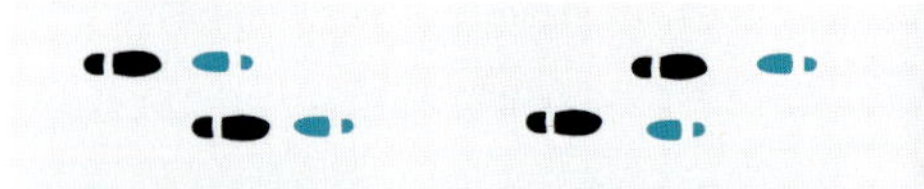

1

Cavalier.
De la position pieds assemblés, il avance le pied droit, talon-pointe, en portant le poids du corps sur la jambe.
Dame.
Elle recule d'un pas avec la jambe gauche, pointe-talon.

2

Cavalier.
Avec la jambe gauche, il fait, de la pointe, un petit pas en avant. Le poids du corps se trouve réparti sur les deux jambes.
Dame.
Elle déplace vers l'arrière la jambe droite, sur la pointe du pied ; comme pour l'homme, le poids est réparti sur les deux jambes.

POSITION
Cavalier.
Il est prêt à commencer, le buste bien droit.
Dame.
L'air rêveur, elle se prépare à reculer du pied gauche.

3

Cavalier.
Le poids du corps étant sur le pied gauche, il fait un petit pas en avant avec la jambe droite, pointe-talon.
Dame.
Le poids du corps sur la jambe droite, elle fait un petit pas en arrière avec la gauche, posant pointe-talon.
Ce mouvement achevé, la pointe du pied droit du cavalier est engagée entre les pointes de la femme.

4

Cavalier.
Il avance avec naturel, du pied gauche, talon-pointe, en portant le poids du corps sur la même jambe.
Dame.
Elle recule autant que lui d'un pas avec la jambe droite, pointe-talon.

5

Cavalier.
Avec la pointe droite, il fait un petit pas et se retrouve le poids du corps réparti sur les deux jambes.
Dame.
Elle déplace en arrière la jambe gauche, en posant la pointe du pied ; son poids est réparti sur les deux jambes.

6

Cavalier.
Il fait un petit pas en avant avec le pied gauche, pointe-talon.
Dame.
Elle fait un petit pas en arrière avec le pied droit, pointe-talon.

L'ALLURE DE LA DANSE

Dans la valse viennoise, à la différence de la mazurka, lors des compétitions, le cavalier démarre toujours face à la diagonale-centre. La beauté de cette danse réside dans son allure ondoyante et dans l'effet obtenu en alternant continuellement les tours à droite et les tours à gauche ; les deux figures sont liées entre elles par des pas de change. Comme on tourne toujours à droite et à gauche, on pourrait croire qu'il est inutile d'apprendre la marche de base. Ce n'est pas le cas. Car on utilise cette marche dans les salles de bal pleines de monde, où l'espace est limité – ou encore si l'on est fatigué et si l'on veut tout de même achever la valse commencée. En tout cas, le pas de base est indispensable pour les débutants, afin qu'ils s'habituent au rythme de la musique.

TOUR À DROITE, 6 PAS

Appuis
Cavalier. 1 talon-pointe, 2 pointe, 3 pointe-talon, 4 pointe-talon, 5 pointe, 6 tout le pied.
Dame. 1 pointe-talon, 2 pointe, 3 tout le pied, 4 talon-pointe, 5 pointe, 6 pointe-talon.

Le cavalier se place face à la diagonale-centre de la salle de bal et se prépare à une rotation à droite ; la dame est bien évidemment en face de l'homme. Avec cette figure, le couple accomplit un tour complet qui doit cependant être exécuté en six mouvements distincts, à la cadence suivante : 1,2,3...4,5,6. Aux points 3 et 6, le cavalier et la dame assemblent les pieds. Ce mouvement doit être fait avec grâce en faisant glisser sur le sol la pointe du soulier.

QUAND LA DAME DEVIENT CAVALIER

La plupart des danses peuvent être qualifiées de « machistes », dans la mesure où l'action du cavalier l'emporte sur celle de la dame, puisque le danseur a la tâche de diriger. Avec la valse, le rôle de conducteur échoit alternativement à l'homme et à la femme.
Dans le tour à droite, par exemple, aux pas 4,5,6, la dame se comporte comme si elle était le cavalier, ainsi qu'aux moments 1, 2, 3 du tour à gauche. La femme et l'homme sont donc, avec cette danse, sur un pied d'absolue égalité.

1

Cavalier.
Avec la jambe droite, il avance d'un pas le long de la ligne de danse, fléchit les genoux et accomplit ainsi $^{1}/_{8}$ tour à droite, avec un mouvement contraire du corps, en l'occurrence : jambe droite en avant, épaule et hanche gauches en avant.
Dame.
Elle déplace la jambe gauche en arrière, légèrement de côté, sur la pointe du pied, tourne autant que le cavalier et pose le talon.

2

Cavalier.
Il écarte latéralement la jambe gauche, en posant la pointe du pied, dans un ample mouvement, et il s'abaisse sur la jambe droite, en faisant $^{1}/_{4}$ tour.
Dame.
Elle déplace latéralement le pied droit, en s'appuyant sur la pointe, et fait $^{1}/_{3}$ tour, pour céder la place au cavalier qui la dépasse le long de la ligne de danse.

3

Cavalier.
Il joint lentement le pied droit au gauche, se lève sur les pointes avec une rotation de $^{1}/_{8}$ tour et pose le talon droit.
Dame.
Elle joint le pied gauche au droit en faisant glisser tout le pied sur le sol.

4

Cavalier.
Il déplace en arrière la pointe du pied gauche et fait à droite $^{1}/_{8}$ tour, puis pose le talon gauche ; les bras et le buste vont en mouvement contraire par rapport à la jambe gauche, qui est en arrière.
Dame.
Elle avance le talon droit et suit le partenaire, avec une rotation de $^{1}/_{8}$ tour.

5

Cavalier.
Il allonge la jambe droite, pose la pointe du pied et effectue $^{3}/_{8}$ tour. Avec le bras droit il facilite alors la rotation de la dame, qui dépasse son partenaire en effectuant $^{1}/_{4}$ tour.
Dame.
Elle déplace la jambe gauche latéralement, dans un ample mouvement, fait glisser la pointe du pied gauche et s'abaisse sur la jambe droite en faisant $^{1}/_{4}$ tour.

6

Cavalier.
Comme au point 3, il joint le pied gauche au droit en faisant glisser tout le pied sur le sol.
Dame.
Elle joint le pied droit au gauche, s'élève sur les pointes, termine la rotation de $^{1}/_{8}$ tour et pose le talon droit. A ce moment, le couple est en position pour commencer un autre tour à droite et continuer avec le pas de base.

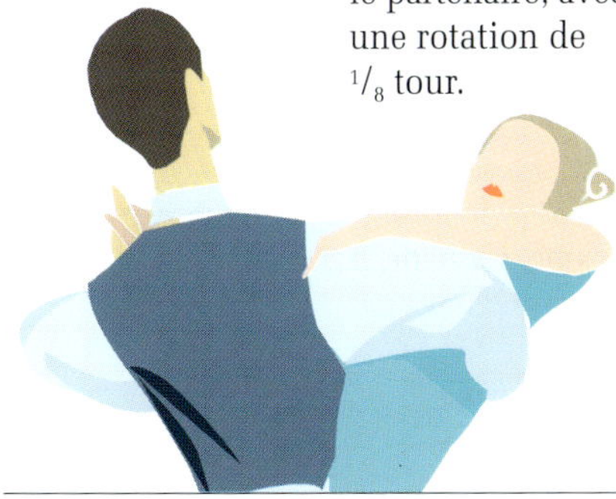

De la main gauche, la dame doit serrer le bras du cavalier pour que le couple ne se désolidarise pas durant les tours.

TOUR À GAUCHE, 6 PAS

Appuis

Cavalier. 1 talon-pointe, 2 pointe, 3 pointe-talon, 4 pointe-talon, 5 pointe, 6 pointe-talon.
Dame. 1 pointe-talon, 2 pointe, 3 pointe-talon, 4 talon-pointe, 5 pointe, 6 pointe-talon.

Le cavalier se trouve face à la ligne de danse. Comme dans le tour à droite, le couple suit toujours trois directions précises : la ligne de danse, la diagonale-centre et la diagonale-mur. Quand il est précédé d'un pas de change en arrière, le tour à gauche peut être commencé par le pas 4.

1

Cavalier.
Il avance d'un pas avec la jambe gauche, talon-pointe, le long de la diagonale-centre.
Dame.
Elle déplace la jambe droite en arrière d'un pas, pointe-talon, le long de la diagonale-centre ; les deux danseurs effectuent $^1/_8$ tour.

2

Cavalier.
Il écarte la jambe droite, pose la pointe du pied et ainsi accomplit $^1/_4$ tour.
Dame.
Elle accomplit $^1/_3$ tour en arrière, écartant le pied gauche, sur la pointe.

L'ÉQUILIBRE DU COUPLE

Danser la valse, c'est d'abord former un couple uni, solidaire et en parfaite harmonie. En effet, les deux partenaires tournoient sur eux-mêmes et autour de la piste, et, lorsque le rythme est très rapide, il est indispensable que l'entente et la complicité soient totales pour ne pas risquer l'incident, c'est-à-dire le déséquilibre, voire, pire, la chute. Or, des éléments tels que la taille et le poids respectifs des danseurs sont déterminants, puisqu'ils ont une influence sur le centre de gravité du couple. Il faut donc souvent plusieurs tours de piste, et même plusieurs valses consécutives pour que l'un et l'autre apprennent à trouver l'attitude juste, le point d'équilibre idéal. Mais cette recherche absolument nécessaire fait elle-même partie du plaisir de la danse.

3

Cavalier.
Il pose la pointe du pied gauche en avant du pied droit, tout en effectuant $^{1}/_{8}$ tour, et appuie sur le talon du pied gauche.
Dame.
Elle joint le pied droit au gauche, se lève sur les pointes, puis pose le talon droit.

4

Cavalier.
Il déplace en arrière la jambe droite d'un pas, pointe-talon, et se prépare à une ample rotation à gauche.
Dame.
Elle avance avec le pied gauche, talon-pointe, et elle suit son partenaire ; les deux danseurs effectuent $^{1}/_{8}$ tour.

__Quand le tour à gauche commence, le cavalier donne toujours un coup de talon.__

5

Cavalier.
Il déplace latéralement le pied gauche en direction diagonale-centre, fait ensuite vers la gauche, en arrière, $^{1}/_{3}$ tour. Avec le bras gauche, il facilite la rotation de la dame, sans perdre sa position.
Dame.
Elle déplace latéralement le pied droit, pose la pointe, et elle accomplit $^{1}/_{4}$ tour.

6

Cavalier.
Il joint le pied droit au gauche, se soulève sur les pointes et pose le talon du pied droit.
Dame.
Elle croise le pied gauche devant le droit et se maintient sur les pointes ; ce mouvement permet d'achever la rotation $^{1}/_{8}$, puis elle pose le talon gauche.

PAS DE CHANGE EN ARRIÈRE, 3 PAS

Appuis
Cavalier. 1 pointe-talon, 2 pointe, 3 pointe-talon,
Dame. 1 talon-pointe, 2 pointe, 3 pointe-talon.

Ce pas se fait au changement entre le tour à droite et celui à gauche, sans que l'on ait à exécuter la marche de base. On le réalise en ralentissant le rythme. Ce passage donne donc la possibilité de tourner à gauche, après le tour à droite. Après le pas de change en arrière, le tour à gauche commencera par le pas 4, au lieu du 1, et donc du pied droit pour le cavalier, et du pied gauche pour la dame.

1

Cavalier.
Il fait un pas en arrière, du pied gauche, pointe-talon.
Dame.
Elle fait un pas en avant, du pied droit, talon-pointe.

2

Cavalier.
Il écarte la jambe droite sur le côté en appuyant la pointe d'un mouvement ample, et il s'abaisse sur la jambe gauche.
Dame.
Elle déplace la jambe gauche de côté et pose la pointe.

L'IMPORTANCE DES BALS

Durant toute la période où la valse fut très populaire, c'est-à-dire aux XVIIIe et XIXe siècles, les femmes portaient des robes longues, serrées à la taille, avec de belles jupes à crinoline. Non seulement ces vêtements mettaient en valeur la silhouette féminine, mais ils accompagnaient à merveille les déplacements de la femme. Ainsi pouvait-elle – et espérait-elle – attirer l'attention de tous les cavaliers.
C'est que les bals jouaient un rôle social extrêmement important. En effet, c'est vers l'âge de 15 ans que les jeunes filles des familles aristocratiques participaient à leur premier bal. Celui-ci était capital pour leur existence, puisqu'il marquait leur entrée dans le monde, c'est-à-dire la fin de leur enfance. Après avoir reçu l'éducation qu'une femme accomplie devait alors avoir – connaissance de la musique, du dessin, de la broderie, notamment –, elle pouvait prétendre se marier. Le bal était l'occasion de se montrer à son plus bel avantage pour trouver un parti.
Apparaissant vêtues de superbes toilettes et parées de bijoux somptueux, elles dansaient la valse avec différents cavaliers, qui avaient pour cela préalablement fait leur demande et qui étaient inscrits sur le carnet de bal de la demoiselle.

3

Cavalier.
Il joint le pied gauche au droit, en restant sur les pointes, puis pose le talon gauche. Le buste est légèrement incliné à gauche.

Dame.
Elle joint le pied droit au gauche et reste elle aussi sur les pointes, puis pose le talon droit. Le buste est légèrement incliné à droite.

COMMENT LE CAVALIER A CHANGÉ SA FAÇON DE TENIR LA DAME

Dans une scène du film *Le Guépard*, on valse chez le prince de Salina (Burt Lancaster) pour fêter le retour de Tancrède (Alain Delon). A cette occasion, le spectateur attentif peut voir les cavaliers tenir leur partenaire de la main droite, à la taille, tandis que la main gauche est à la hauteur de son épaule, adoptant une position très différente de celle qui est généralement adoptée aujourd'hui. Maintenir les bras assez bas durant la valse permettait de conserver les épaules à la même hauteur, soulignant ainsi l'élégance et la noblesse du cavalier. Chaque époque a ses canons, et même les attitudes et le maintien sont codifiés. Or, au XIXe siècle, la mode était aux épaules étroites et au cou allongé par des chemises à col haut et rigide. Cette mode, surtout chez les aristocrates, avait pour but d'allonger le corps, d'autant que la taille moyenne des hommes était en ce temps-là moins grande qu'aujourd'hui. De nos jours, les hommes cherchent moins, par leurs vêtements, à accentuer leur taille que leur prestance physique, d'où le désir de mettre en valeur les épaules. Ce changement se perçoit dans la valse, où le cavalier tient à présent les bras plus haut qu'il ne le faisait au siècle dernier.

Au début de ce pas, les danseurs se trouvent pieds joints.

Au point 1, le cavalier fléchit le genou gauche.

PAS DE CHANGE EN AVANT, 3 PAS

Appuis
Cavalier. 1 talon-pointe, 2 pointe, 3 pointe-talon.
Dame. 1 pointe-talon, 2 pointe, 3 pointe-talon.

Toujours exécuté après les tours à gauche, ce pas permet de relier ces derniers aux tours à droite. Le pas de change en avant permet donc d'inverser le sens de la rotation, pour évoluer dans le sens des aiguilles d'une montre. Dans l'exécution, le couple ralentit le rythme pour faciliter le mouvement et pour être plus élégant. Au début du pas, le cavalier se trouve pieds assemblés, sur les pointes, le long de la ligne de danse. La dame est face à lui, elle aussi pieds assemblés, sur les pointes.

1

Cavalier.
Avec le pied gauche, il avance d'un pas naturel, talon-pointe, tandis que le poids de son corps est sur l'arrière.
Dame.
Avec la jambe droite, elle fait un pas en arrière, pointe-talon ; le poids de son corps se porte aussi sur l'arrière.

2

Cavalier.
Il écarte le pied droit de côté, sur la pointe ; à cause de la vitesse et donc de la force d'inertie, le mouvement n'est pas latéral, mais légèrement en diagonale, par rapport au pied gauche.
Dame.
Elle déplace la jambe gauche de côté et pose alors la pointe. Comme pour le cavalier, à cause de la vitesse, le mouvement n'est pas latéral mais légèrement en arrière, en diagonale.

DES PETITS SAUTS AUX PAS

C'est avec le célèbre compositeur Johann Strauss père que la valse viennoise a acquis son rythme caractéristique 1,2,3... 1,2,3. Car, à cette époque, les danseurs évoluaient par petits sauts sur un tempo constant. Aujourd'hui, la musique de Strauss est interprétée différemment ; la danse est plus fluide et les sautillements sont remplacés par des pas glissés : le premier est d'une longueur normale, tandis que le deuxième est long et glissé, avec une rotation du buste très marquée ; pour le troisième pas, les pieds se joignent lentement.

3

Cavalier.
Il joint lentement le pied gauche au droit, sur les pointes, et pose le talon gauche ; le buste est légèrement penché à gauche.

Dame.
Elle joint avec grâce le pied droit au gauche, sur la pointe, et pose le talon droit ; le buste est légèrement incliné vers la droite.

LE MYTHE DE L'IMPÉRATRICE SISSI

En ce qui concerne la valse, la période la plus importante et la plus riche se situe sans doute à Vienne sous le règne des Habsbourg, et en particulier sous celui de l'empereur François-Joseph, monté sur le trône à l'âge de 18 ans, en 1848, pour y rester jusqu'à la fin de 1916. En presque soixante-dix ans de règne, il a incontestablement marqué de façon indélébile l'histoire de l'Europe, puisqu'on peut le tenir pour responsable du déclenchement de la Première Guerre mondiale. Mais son nom est également associé à la légende de la romantique Sissi, la superbe Élisabeth de Wittelsbach, que l'empereur épousa alors qu'elle était très jeune, en 1853. Quelques biographies ont été consacrées à la princesse, ainsi que deux films : *Sissi* (1955) et *Sissi impératrice* (1957), avec l'interprétation de la ravissante Romy Schneider. Ces deux longs métrages eurent un grand succès. Sissi y est présentée comme une jeune femme résolument anticonformiste, éprise de la vie et de son époux, et témoignant d'un goût prononcé pour la valse. En réalité, la princesse souffrait d'une grande névrose. C'est ce que révèlent aujourd'hui des études menées à la fois par des historiens, des psychologues et des psychothérapeutes. Loin de l'image produite par les studios de cinéma, la princesse Élisabeth a en fait vécu une existence pleine d'aléas. Non seulement elle se vouait à elle-même un culte excessif, avec l'obsession de rester toujours jeune, mais elle souffrait d'anorexie et contrôlait son poids trois fois par jour. En outre, si l'on en croit les historiens, la douce impératrice de l'amour – comme on l'a appelée – fut incapable d'aimer François-Joseph et ne lui concéda que de brefs moments de vie commune. Élisabeth eut également des rapports difficiles avec ses enfants, dont l'un, Rodolphe, se suicida avec sa maîtresse, Marie Vetsera, dans le château de Mayerling, près de Vienne. Sissi mourut elle-même tragiquement en 1898, assassinée à Genève par un anarchiste, Luigi Luchini.

Avant de commencer un pas de change en avant, les danseurs ralentissent le rythme pour acquérir élégance et assurance.

Polka

Malgré son nom, la polka ne provient pas de la Pologne, mais de la Bohême orientale, qui fait aujourd'hui partie de la République tchèque. Il s'agit d'une danse qui s'exécute sur un tempo de 2/4, avec de nombreuses rotations et une accentuation du premier battement de chaque mesure.
Comme la valse, elle alterne tours à droite et tours à gauche, et se caractérise, dans son exécution, par un demi-pas en avant typique, semblable à un sautillement. C'est justement de ce mouvement que cette danse tire, semble-t-il, l'origine de son nom. En effet, « polka » pourrait dériver de « pulka », qui, en tchèque, signifie « moitié ».
En ce qui concerne la naissance de la danse elle-même, on n'est guère renseigné. Dans un traité, qui fut publié en 1859, sur la danse de son pays, l'historien bohême Alfred Waldau assure que la polka a été inventée en 1830 par une paysanne de Labetin, un village situé sur l'Elbe, fleuve de la Bohême orientale.

La gaieté du mouvement

Apparemment, cette jeune femme avait dansé et chanté d'une façon très personnelle sur l'air d'une chanson populaire qui, en un premier temps, avait été appelée *Nimra*, d'après un mot figurant dans le premier vers de la chanson. Un maître de musique local, un certain Jesep Neruda, qui assistait au spectacle, fut frappé par la façon insolite de danser de la jeune fille. C'est ainsi qu'il rebaptisa le tout « polka », à cause, justement, du demi-pas. En réalité, selon les spécialistes, les mouvements caractéristiques de la polka existaient déjà dans de très vieux pas de danse français et italiens, comme la bourrée, la

À DROITE : JEUNES GENS DANSANT LA POLKA, LITHOGRAPHIE FRANÇAISE DU XVIIIE SIÈCLE. AU SIÈCLE DERNIER, LA POLKA CONNUT UNE IMMENSE POPULARITÉ À TRAVERS TOUTE L'EUROPE, CAR ELLE ASSOCIAIT UNE MUSIQUE TRÈS ENTRAÎNANTE ET UNE GRANDE LIBERTÉ DE MOUVEMENT.
À GAUCHE : AFFICHE DE MARCELLO DUDOVICH, DATANT DU DÉBUT DU SIÈCLE.

scambiata ou le *fioretto*. La nouvelle danse avait sur ces dernières l'avantage de conférer à ses pas un dynamisme particulier. Très vite, on la vit apparaître dans la capitale, où elle remporta immédiatement un franc succès, de sorte qu'on l'inscrivit dans le répertoire de l'orchestre de l'armée. De Prague, la polka se répandit dans les autres capitales d'Europe : à Vienne en 1839, à Paris, où le danseur bohême Raab la dansa au théâtre de l'Odéon en 1840, à la Scala de Milan en 1841, à Londres en 1844. Elle conquit également New York. Mais c'est Paris qui joua le rôle le plus important pour cette danse, qui faillit porter ombrage à la valse, en dépit de l'immense succès que celle-ci connaissait alors. En effet, la capitale lança une véritable « polkamanie ». Voici ce qu'écrivit à ce sujet un observateur, des années plus tard : « Jeunes et vieux, mères et filles, médecins et magistrats s'en entichèrent. Tout – des habits aux plats – prit le nom de polka. » Comment a-t-on pu en arriver à un tel point ? Cela s'explique peut-être par la capacité de la polka d'allier une

façon de se tenir enlacés propre à la valse, l'énergie et la force vitale d'une cadence. Ce mélange choqua d'ailleurs les puritains, qui jugèrent la polka inconvenante, alors qu'elle suscitait partout un attrait irrésistible. La valse était certes très populaire, parce qu'à la vivacité des mouvements venait s'ajouter une grande gaieté de la musique, mais la nouvelle danse répondait à une autre exigence : danser de façon spontanée et uniquement pour le plaisir. De fait, le danseur Jules Perrot prétendit à l'époque que « pour bien danser la polka, les hommes et les femmes doivent avoir le cœur fort et généreux ». D'où l'adage alors à la mode : « Dis-moi comment tu "polkes" et je te dirai comment tu aimes. » La musique de cette nouvelle danse fut appréciée de nombreux compositeurs. Le premier à avoir composé une polka semble être Franz Hilmar, un musicien de Bohême – il ne pouvait en être autrement. L'un des plus grands interprètes fut Bedrich Smetana, né en Bohême lui aussi. Il donna à la polka une touche classique. Son final de l'opéra *La Fiancée vendue* (1856), est resté parmi les plus célèbres. Johann Strauss fils a aussi composé des polkas. Il s'inspira de sa cadence dans 163 morceaux, et devint « roi de la polka » après avoir déjà été nommé « roi de la valse ». Par la suite, comme pour la mazurka, entre la fin du XIXe et le début du XXe siècle, l'intérêt du public déclina peu à peu, au fur et à mesure qu'apparaissaient de nouveaux rythmes venus d'Amérique.

Polka

PAS DE BASE, 6 PAS, 8 MOUVEMENTS

Appuis
Cavalier. 1 pointe, 2 pointe, 3 pointe, 4 pointe, 5 pointe, 6 pointe.
Dame. 1 pointe, 2 pointe, 3 pointe, 4 pointe, 5 pointe, 6 pointe.

Le rythme de la polka est de 2/4. Le pas se compose de quatre mouvements liés aux deux premiers battements de la mesure et quatre autres à ceux qui suivent, de façon à créer un rythme syncopé. La tradition veut que les mouvements précédant les pas 1 et 4 soient ponctués par un « et » qui souligne le sautillement typique de cette danse. Car la polka a pour caractéristique de comporter une phase aérienne, où tout le corps peut tourner, et une phase terrestre, pour l'exécution des pas. La ligne de danse fonctionne comme pour la mazurka et la valse viennoise : le cavalier suit le périmètre de la salle dans le sens contraire à celui des aiguilles d'une montre.

« et »

Mouvement qui précède le pas 1.
Cavalier.
Face à la ligne de danse, il soulève le talon gauche en arrière pour se donner de l'élan, et exécute un petit saut sur le pied droit ; le genou gauche est situé à la même hauteur que le droit.
Dame.
Elle fait le même mouvement, mais soulève en arrière le talon droit et saute sur le pied gauche.

1

Cavalier.
Avec le pied gauche, déjà soulevé, il fait un pas en avant sur la pointe. Jambe et buste avancent simultanément.
Dame.
Elle recule d'un pas avec le pied droit, qu'elle vient de soulever.

2

Cavalier.
Il joint le pied droit au gauche.
Dame.
Elle rapproche le gauche du droit.

3

Cavalier.
Il avance du pied gauche.
Dame.
Elle recule du pied droit.

« et »

Mouvement qui précède le pas 4.
Cavalier.
Il soulève le talon droit en arrière et saute sur le pied gauche.
Dame.
Elle fait le même mouvement, mais soulève en arrière le talon gauche et saute sur le pied droit.

4

Cavalier.
Avec le pied droit qui était soulevé, il fait un pas en avant et appuie sur la pointe ; jambe et buste avancent alors simultanément.
Dame.
Elle recule du pied gauche, après l'avoir soulevé.

5

Cavalier.
Il joint le pied gauche au droit.
Dame.
Elle joint le pied droit au gauche.

6

Cavalier.
Il avance d'un petit pas du pied droit et achève ainsi la seconde partie à droite du pas de base. A ce point, il peut tout recommencer depuis le début.
Dame.
Elle recule d'un petit pas du pied gauche. Elle est alors prête à recommencer le mouvement depuis le début.

TOUR À DROITE, 6 PAS, 8 MOUVEMENTS

Appuis
Cavalier. 1 pointe, 2 pointe, 3 pointe, 4 pointe, 5 pointe, 6 pointe.
Dame. 1 pointe, 2 pointe, 3 pointe, 4 pointe, 5 pointe, 6 pointe.

Cette figure s'exécute après la totalité du pas de base et peut se répéter plusieurs fois de suite. Dans ce cas, au premier saut de chaque tour à droite, le cavalier devra effectuer $^{1}/_{2}$ tour, au lieu de $^{1}/_{4}$. Si, au contraire, le danseur veut continuer le pas de base, il devra au premier saut effectuer $^{1}/_{4}$ tour à droite, afin de se replacer face à la ligne de danse.

« et »

Mouvement qui précède le pas 1.
Cavalier.
Il se trouve face à la ligne de danse, soulève le talon gauche en arrière, et fait un saut sur le pied droit, en effectuant $^{1}/_{4}$ tour à droite.
Dame.
Elle soulève le talon droit, puis saute sur le pied gauche et fait aussi $^{1}/_{4}$ tour.

1

Cavalier.
Il écarte latéralement le pied gauche, en portant dessus le poids du corps.
Dame.
Elle déplace latéralement le pied droit en portant dessus le poids du corps.

LE PROGRAMME DE DANSE IDÉAL

DÉBUTANTS : DEUX FOIS LE PAS DE BASE, UN TOUR ET DEMI À DROITE, UN PAS DE CHANGE EN ARRIÈRE, UN TOUR ET DEMI À GAUCHE, UN PAS DE CHANGE EN AVANT ; À LA FIN DE CETTE SÉQUENCE, RECOMMENCER.
PLUS EXPÉRIMENTÉS : DÉBUTER PAR UN TOUR À DROITE ET RÉPÉTER TROIS FOIS ET DEMIE LE MOUVEMENT ; SUIVENT UN PAS DE CHANGE EN ARRIÈRE ET TROIS TOURS ET DEMI À GAUCHE.
CONFIRMÉS : TOUR À DROITE, CHASSÉ À GAUCHE, CHASSÉ À DROITE, DEMI-TOUR À DROITE, PAS DE CHANGE EN ARRIÈRE, TOUR À GAUCHE, CHASSÉ À GAUCHE, CHASSÉ À DROITE, DEMI-TOUR À GAUCHE, PAS DE CHANGE EN AVANT.

2

Cavalier.
Il joint le pied droit au gauche.
Dame.
Elle rapproche le pied gauche du droit.

3

Cavalier.
Il écarte le pied gauche sur le côté.
Dame.
Elle met le pied droit sur le côté.

« et »

Mouvement qui précède le pas 4.
Cavalier.
Il soulève le talon droit en arrière, en se donnant de l'élan pour sauter sur le pied gauche, et effectue $^{1}/_{2}$ tour centre de la salle.
Dame.
Elle soulève le talon en arrière et saute sur le pied droit en effectuant $^{1}/_{2}$ tour.

4

Cavalier.
Il écarte latéralement le pied droit, en portant le poids du corps dessus.
Dame.
Elle déplace latéralement le pied gauche, en portant le poids du corps dessus.

5

Cavalier.
Il joint le pied gauche au droit.
Dame.
Elle rapproche les pieds.

6

Cavalier.
Il déplace latéralement le pied droit et porte le poids du corps dessus.

Dame.
Elle déplace latéralement le pied gauche et porte tout son poids dessus.

PAS DE CHANGE EN ARRIÈRE, DU PIED DROIT, 4 PAS, 4 MOUVEMENTS

Appuis
Cavalier. 1 pointe, 2 pointe, 3 pointe.
Dame. 1 pointe, 2 pointe, 3 pointe.

Ce pas s'exécute après les deux premiers pas du tour à droite et sert de lien entre le tour à droite et le tour à gauche. Le cavalier tourne le dos à la ligne de danse.

« et »

Cavalier.
Pied droit levé, il saute sur le gauche.
Dame.
Elle lève le gauche et saute sur le droit.

1

Cavalier.
Il recule la jambe droite.
Dame.
Elle avance avec la jambe gauche.

PAS DE CHANGE EN AVANT, DU PIED GAUCHE, 3 PAS, 4 MOUVEMENTS

Appuis
Cavalier. 4 pointe, 5 pointe, 6 pointe.
Dame. 4 pointe, 5 pointe, 6 pointe.

Le pas de change en avant s'exécute après le tour à gauche et sert de lien entre le tour à gauche et le tour à droite. Le cavalier se retrouve le long de la ligne de danse.

« et »

Cavalier.
Pied droit levé, il saute sur le gauche.
Dame.
Saut sur le droit.

4

Cavalier.
Il avance le pied droit.
Dame.
Recul du gauche.

2

Cavalier.
Il joint le pied gauche au droit, qui est légèrement en retrait, le poids du corps portant sur la pointe du pied gauche.

Dame.
Contrairement à l'homme, elle joint le pied droit au gauche, ce dernier restant légèrement en retrait, le poids du corps reposant sur la pointe du pied droit.

3

Cavalier.
Avec la jambe droite, il recule d'un pas et porte son poids sur la pointe droite.

Dame.
Elle avance d'un pas avec la jambe gauche, portant le poids du corps dessus.

5

Cavalier.
Il joint le pied gauche au droit, qui doit rester un peu en retrait.

Dame.
Elle joint le pied droit au gauche, comme indiqué au point 2.

6

Cavalier.
Il avance le pied droit et porte le poids de son corps dessus.

Dame.
Elle recule de la jambe gauche, en portant le poids du corps dessus.

TOUR À GAUCHE, 6 PAS, 8 MOUVEMENTS

Appuis
Cavalier. 1 pointe, 2 pointe, 3 pointe, 4 pointe, 5 pointe, 6 pointe.
Dame. 1 pointe, 2 pointe, 3 pointe, 4 pointe, 5 pointe, 6 pointe.

On exécute le tour le long de la ligne de danse, après avoir complété la première partie du pas de base. Pour faciliter la rotation, le cavalier devra regarder en direction de sa main gauche, tandis que la dame regarde vers son coude gauche.

« et »

Mouvement qui précède le pas 1.
Cavalier.
Il soulève en arrière le talon droit et, en sautant sur le pied gauche, pivote de $^1/_4$ tour à gauche, pour se retrouver face au centre de la salle.
Dame.
Elle soulève le pied gauche, saute sur le droit et pivote de $^1/_4$ tour.

1

Cavalier.
Il écarte le pied droit sur le côté et porte le poids du corps dessus.
Dame.
Elle déplace latéralement le pied gauche en transférant tout son poids dessus.

L'ORCHESTRE PHILHARMONIQUE DE VIENNE

L'orchestre le plus fameux, non seulement pour l'exécution des polkas, mais pour celle des valses et des mazurkas, est certainement le Wiener Philharmoniker, le Philharmonique de Vienne.
Née il y a plus de cent cinquante ans, la formation autrichienne compte 147 artistes. Les femmes n'en font partie que depuis 1997. C'est une institution qui, au cours de son histoire, a interprété les œuvres des plus grands compositeurs, sous la direction des plus prestigieux chefs : Richard Strauss, Gustav Mahler, pour les premiers et Herbert von Karajan, Lorin Maazel, Claudio Abbado, Zubin Mehta, Riccardo Muti, pour les seconds. Chaque année, le Wiener est chargé de donner le concert traditionnel de fin d'année, qui est suivi dans le monde entier par plus d'un milliard de téléspectateurs. La manifestation se déroule dans la *Goldener Saal*, la salle dorée du Muzikverein, siège de l'association viennoise des Amis de la Musique.

2

Cavalier.
Il joint le pied gauche au droit.
Dame.
Elle joint le pied droit au gauche.

3

Cavalier.
Il place le pied droit sur le côté.
Dame.
Elle déplace le pied gauche sur le côté.

« et »

Mouvement qui précède le pas 4.
Cavalier.
Il soulève le talon gauche en sautant sur le pied droit et fait $^{1}/_{2}$ tour vers la gauche.
Dame.
Elle soulève le talon droit en sautant sur le pied gauche et effectue $^{1}/_{2}$ tour.

4

Cavalier.
Il pose le pied gauche sur le côté, tout en transférant le poids du corps dessus.
Dame.
Elle pose le pied droit sur le côté, en transférant le poids du corps dessus.

5

Cavalier.
Il joint le pied droit au gauche.
Dame.
Elle joint les pieds.

6

Cavalier.
Il pose le pied gauche sur le côté, en transférant son poids dessus.

Dame.
Elle pose le pied droit sur le côté et porte le poids du corps dessus.

CHASSÉS PROGRESSIFS À DROITE, 7 PAS, 8 MOUVEMENTS

Appuis

Cavalier. 1 pointe, 2 pointe, 3 pointe, 4 pointe, 5 pointe, 6 pointe, 7 pointe.
Dame. 1 pointe, 2 pointe, 3 pointe, 4 pointe, 5 pointe, 6 pointe, 7 pointe.

Les « chassés » sont des pas latéraux, le long de la ligne de danse. Les pas à droite s'exécutent après la première partie du tour à droite, et le cavalier est tourné vers le centre de la salle. Il existe aussi les chassés à gauche, qui sont identiques à ceux de droite, la position du cavalier étant inversée : face au mur, et non au centre de la salle, il avance le long de la ligne de danse de la jambe gauche.
Les chassés à gauche peuvent s'exécuter directement après la première partie du tour à gauche, quand le cavalier est tourné face au mur, ou bien aussitôt après les chassés à droite. Dans ce cas, une fois les pas latéraux à droite achevés, le cavalier soulève le talon gauche en arrière, saute sur le pied droit et fait $^{1}/_{2}$ tour. La dame soulève le talon, saute sur le pied gauche et suit la rotation du partenaire.

« et »

Mouvement qui précède le pas 1.
Cavalier.
Il soulève le talon droit, saute sur le pied gauche et fait $^{1}/_{2}$ tour.
Dame.
Elle soulève le talon gauche, saute sur le pied droit, fait $^{1}/_{2}$ tour.

1

Cavalier.
Il écarte sur le côté, le long de la ligne de danse, la jambe déjà soulevée et pose la pointe de pied.
Dame.
Elle fait un pas de côté du pied gauche.

LA POSITION IDÉALE DES JAMBES

Une exécution correcte de la polka dépend autant des pas de base que des tours à droite et à gauche, les cuisses devant être rapprochées, s'effleurant presque. Contrairement à ce que l'on peut penser, c'est de cette façon que les danseurs ont le plus de grâce, surtout s'il s'agit de débutants qui n'ont pas encore la maîtrise des mouvements. Ils ont tendance, en effet, à danser les jambes écartées, notamment durant les sautillements, donnant à voir une danse maladroite et lourde. Il faut aussi se rappeler que les petits sauts doivent être exécutés en longueur, et non en hauteur, et qu'il est indispensable de fléchir les jambes.

2

Cavalier.
Il joint le pied gauche au droit.
Dame.
Elle joint le pied droit au gauche.

3

Cavalier.
Avec la jambe droite, il fait un pas latéral, toujours le long de la ligne de danse.
Dame.
Elle fait un pas latéral, mais avec la jambe gauche.

4

Cavalier.
Il joint le pied gauche au droit.
Dame.
Elle joint le pied droit au gauche.

5

Cavalier.
Du pied droit, il fait un pas de côté, toujours le long de la ligne de danse.
Dame.
Elle fait un pas latéral, mais du pied gauche.

6

Cavalier.
Il joint le pied gauche au droit.
Dame.
Elle joint le pied droit au gauche. Tous deux sont sur la pointe des pieds.

7

Cavalier.
De la jambe droite, il fait un pas de côté, le long de la ligne de danse.
Dame.
Elle fait aussi un pas de côté, mais avec la jambe gauche.

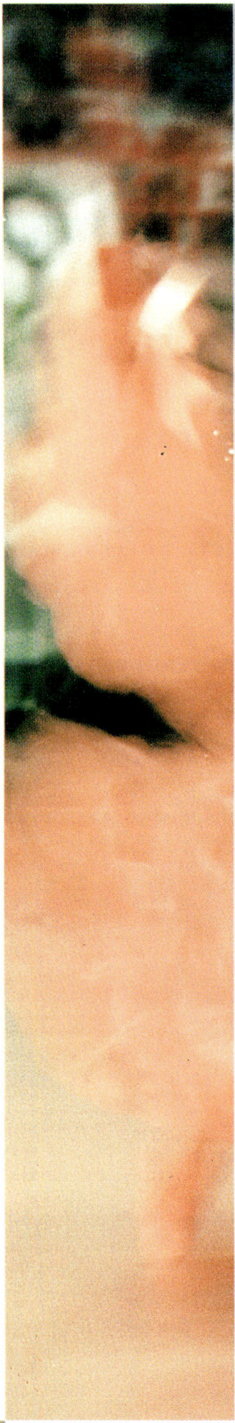

Cette catégorie comprend notamment la valse lente, le tango et le fox-trot, qui sont extrêmement spectaculaires. Très différentes les unes des autres, ces danses ont toutes leur charme propre. Des trois, la valse lente est sûrement la plus harmonieuse, la plus légère, grâce à sa musique romantique. Le tango, qui connaît depuis quelques années un véritable regain de popularité, est le genre le plus théâtral.

Quant au fox-trot, c'est une danse particulièrement gaie et amusante, ce qui s'explique par le contexte dans lequel elle est née. Elle est en effet apparue dans les Années folles, lorsque, au sortir de la Première Guerre mondiale, les populations songeaient avant tout à se divertir. Ces danses au style raffiné exigent adresse et précision, ainsi qu'une grande virtuosité. Pour acquérir toutes ces qualités, il n'existe qu'une seule recette : la pratique régulière. L'idéal est de danser toujours avec le même partenaire, afin de former un couple parfaitement uni.

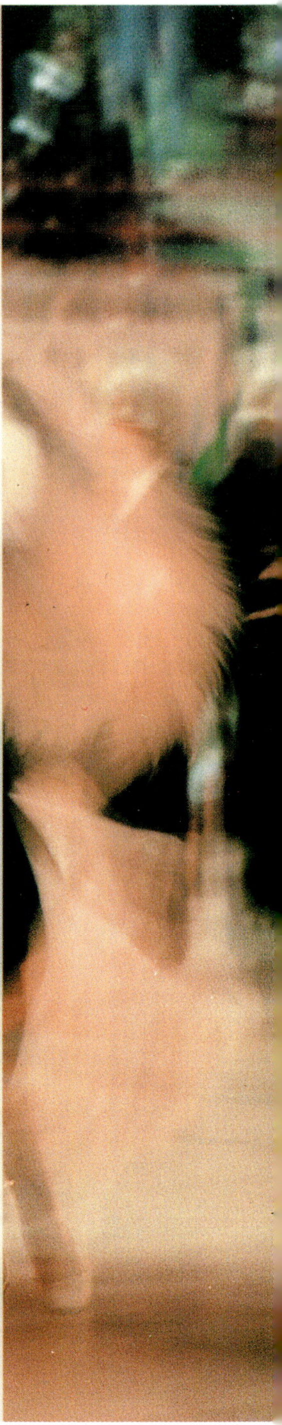

Danses standard

Valse lente

C'est une longue épopée que celle de la valse. Son succès a en effet traversé plus d'une frontière et duré près de cent cinquante ans. Il ne faut donc pas s'étonner qu'elle ait subi de nombreuses modifications. Des morceaux créés pour être dansés à ceux destinés à être simplement écoutés, des valses vives et enjouées de la famille Strauss à la « Valse triste » composée par le Finlandais Jean Sibelius, il y a bien plus que de simples variations sur un même thème. Or, l'un des tournants les plus importants qu'ait connu cette danse, c'est le passage de la valse viennoise, à trois temps, à la valse lente – ou valse anglaise – à deux temps. Comme son nom l'indique, c'est en Angleterre qu'elle a connu son véritable développement – on ne sait en revanche avec certitude où elle est apparue. A l'origine, elle est née d'une pratique déformée de la classique valse viennoise, mais, aujourd'hui, ces danses constituent deux disciplines distinctes, la valse lente étant peut-être plus souple, plus ondulatoire, tandis que la viennoise comporte de grands et majestueux déplacements, à l'endroit et à l'envers. Les deux danses permettent en tout cas au couple de faire la démonstration de leur adresse et de leur grâce.

D'une valse à l'autre

Tout au long de son histoire, la valse n'a cessé d'évoluer. Comme on l'a vu, elle plonge ses racines très loin dans le passé, puisqu'elle serait issue des danses de couple du Moyen Age telles que la volta. C'est au milieu du XVIIIe siècle qu'elle prit sa forme moderne, que ses règles furent fixées et qu'elle commença à avoir du succès. Au siècle suivant, elle gagna l'ensemble des cours européennes pour devenir omniprésente. Mais son destin ne s'arrête pas là. Loin de conserver une forme figée, elle s'est modifiée, développée, pour donner naissance à de nouvelles danses.

Lorsqu'elle fit son apparition, la valse fut extrêmement controversée. En effet, danser si étroitement enlacé paraissait hautement immoral. En dépit des critiques dont elle fut l'objet, la valse fut largement appréciée et connut une vogue croissante, notamment en France, où la Révolution avait profondément bouleversé les mœurs. Exportée par les troupes napoléoniennes, elle fut plus ou moins bien acceptée selon les pays. Le succès fut par exemple immédiat en Russie, où elle fut rapidement introduite à la cour impériale. Mais cela ne fut pas le cas partout. Et s'il est un pays qui se montra réservé, voire rétif à son égard, c'est l'Angleterre. Pourtant, elle n'y fut pas unanimement rejetée, mais ses détracteurs se montrèrent si virulents qu'il fallut rien moins que l'intervention déterminée de la reine Victoria pour l'imposer enfin.

Au début du XIXe siècle, les danses à la mode en Angleterre étaient encore le menuet, surtout à la cour, et les contredanses, plus

populaires, qui sont toutes des danses où les partenaires se font face et où le contact physique est donc limité. C'est dans ce contexte que la valse fit son apparition. Mais il s'agissait d'une forme bien particulière de cette danse, puisqu'elle était exécutée en levant les bras au-dessus de la tête. Elle reçut alors le nom de « valse allemande ». Ce n'est que dans quelques lieux peu fréquentables que l'on pouvait voir des couples danser la valse en prise fermée, c'est-à-dire en se tenant enlacés. Pourtant, le rythme et les pas plaisaient sans doute, puisque les professeurs de danse tentèrent de la maintenir dans sa forme « convenable ». Malgré tout, en 1816, la valse fit une première percée dans un bal donné par le prince-régent, ce qui provoqua aussitôt les foudres de la presse nationale, qui cria au scandale de voir l'aristocratie se rabaisser à une telle indécence. Néanmoins, la valse ne cessait de gagner des partisans, et la plus prestigieuse personnalité d'Angleterre, la princesse Victoria, lui apporta sa caution. Le 28 juin 1838 devait en effet avoir lieu son couronnement, et, pour l'occasion, elle fit appel à Johann Strauss et à son orchestre. C'est lui qui composa la musique du bal donné pour la cérémonie. Les festivités durèrent trois semaines, et Strauss, durant toute cette période, joua plusieurs fois par jour à la cour et dans les grandes demeures de Londres et des environs. Dès lors, son orchestre fut sans cesse réclamé, à travers tous les pays du Royaume-Uni. Cela lui permit d'unifier le rythme de la valse dans tout le territoire, car on dansait beaucoup plus lentement à la cour qu'ailleurs. En fait, il y avait deux formes de valses concurrentes : celle des Strauss et une autre, à deux temps, ou à deux pas, qui se dansait sur une musique à trois temps, une suspension de pas étant effectuée sur le deuxième temps. Et c'est cette variante qui remportait le plus grand succès, peut-être parce qu'elle paraissait plus facile à apprendre. En outre, l'homme et la femme se tenaient légèrement décalés, même s'ils se faisaient face, ce qui la rendait donc moins vulgaire aux yeux des défenseurs de la morale. On ne sait précisément d'où vient cette forme de valse. Certains prétendent qu'elle est née en Autriche, tandis que d'autres affirment qu'elle est d'origine russe. Aujourd'hui, les deux formes de valse coexistent et constituent deux disciplines connaissant un égal succès. La valse lente présente l'image d'un couple évoluant avec beaucoup de souplesse et de grâce, glissant en d'élégantes ondulations qui offrent au public un très agréable spectacle.

CI-DESSUS : L'AUTRICHIEN JOHANN STRAUSS FILS DIRIGEANT SON ŒUVRE *LE BEAU DANUBE BLEU* LORS DU MÉMORABLE CONCERT DONNÉ À BOSTON EN 1872, DEVANT 100 000 SPECTATEURS. À GAUCHE : L'EMPEREUR FRANÇOIS-JOSEPH D'AUTRICHE, LORS D'UNE RÉCEPTION À LA COUR.

Valse lente

PAS DE BASE, 6 PAS

Appuis
Cavalier. 1 talon-pointe, 2 pointe, 3 talon-pointe, 4 talon-pointe, 5 pointe, 6 pointe-talon.
Dame. 1 pointe-talon, 2 pointe, 3 pointe-talon, 4 pointe-talon, 5 pointe, 6 pointe-talon.

On évolue le long de la ligne de danse et les pas ne sont ni lents ni rapides. Le tempo est de 3/4, soit trois battements par mesure, et on compte de 32 à 34 battements à la minute. Le premier et le quatrième pas sont accentués. Le pas de base est essentiel pour acquérir le délié dans les mouvements d'abaissement et d'élévation qui caractérisent la valse lente. En outre il est indispensable en tant que pas de change, pour relier les figures illustrées dans les pages qui suivent. En particulier, on appelle pas de change du pied droit les points 1, 2, 3 du pas de base, et pas de change du pied gauche les points 4,5,6 du pas de base.

1

Cavalier. Partant de la position pieds joints, il avance du pied droit d'un pas accentué, talon-pointe, en portant sur ce pied tout le poids du corps.
Dame. Elle recule d'un long pas, du pied gauche, pointe-talon, poids du corps sur ce pied.

2

Cavalier. Avec le pied gauche, il fait un long pas latéral, sur la pointe, face diagonale-centre, puis il déplace le poids du corps sur la même jambe. Pour exécuter ce mouvement avec élégance, le danseur doit incliner le buste vers la droite.
Dame. Avec le pied droit, elle fait un pas latéral – sur la pointe – face diagonale-centre, et se penche, elle aussi, mais vers la gauche.

3

Cavalier.
Il joint le pied droit au gauche et se lève sur les pointes.
Dame.
Elle joint le pied gauche au droit et, comme le cavalier, se dresse sur les pointes, puis pose le talon gauche.

4

Cavalier.
Du pied gauche, il avance d'un pas, le long de la ligne de danse, talon-pointe, en portant le poids du corps sur la même jambe.
Dame.
Elle recule d'un pas, de la même façon, avec le pied droit, pointe-talon.

5

Cavalier.
Avec le pied droit, il fait un long pas sur le côté, sur la pointe, dans le sens diagonale-mur, et déplace le poids du corps sur la même jambe. Pour exécuter le mouvement, le danseur incline le buste à gauche.
Dame.
Du pied gauche, elle fait un pas latéral, face à la diagonale-mur, et se penche aussi, mais à droite.

6

Cavalier.
Il joint le pied gauche au droit, se dresse sur les pointes, puis pose le talon gauche.
Dame.
Elle joint le pied droit au gauche et se dresse aussi sur les pointes, puis pose le talon droit.

POSITION

Avoir le buste droit et les épaules souples est fondamental, comme dans toutes les danses. Mais, dans la valse lente, les pas étant longs, le corps doit se mouvoir avec d'autant plus de délié.

MARCHE, 6 PAS

Appuis
Cavalier. 1 talon-pointe, 2 pointe, 3 pointe-talon, 4 talon-pointe, 5 pointe, 6 pointe-talon.
Dame. 1 pointe-talon, 2 pointe, 3 pointe-talon, 4 pointe-talon, 5 pointe, 6 pointe-talon.

Dans la valse lente, la marche peut prendre plusieurs directions. Les débutants, qui ne connaissent pas encore les autres figures, l'exécutent le long de la ligne de danse, dans le sens contraire à celui des aiguilles d'une montre, en commençant par le côté droit de la salle ; pour ceux qui sont plus expérimentés, la marche relie des figures diverses allant dans le sens de la diagonale-mur ou de la diagonale-centre. La marche, dans la valse lente, ressemble assez à celle de la mazurka, mais en plus lent, et donc avec des pas un peu plus longs. Par rapport à la valse viennoise, l'abaissement et l'élévation du corps sont plus marqués, de sorte que l'ensemble est beaucoup plus chorégraphique.

1

Cavalier.
De la position pieds joints, il avance du pied droit d'un pas long et appuyé, talon-pointe, en portant le poids du corps sur la même jambe.
Dame.
Elle recule d'un long pas, du pied gauche, pointe-talon.

2

Cavalier.
Du pied gauche, il fait un pas court en avant, sur la pointe, le poids du corps réparti sur les deux jambes.
Dame.
Elle recule le pied droit d'un pas ; comme pour l'homme, le poids du corps est réparti sur les deux jambes.

La dame se renverse en arrière, vers la gauche. De la main gauche, elle maintient une distance constante par rapport au cavalier.

3

Cavalier.
Il fait un pas court en avant, du pied droit, en portant le poids du corps dessus.
Dame.
Le poids du corps sur la jambe droite, elle fait un petit pas en arrière, pointe-talon, du pied gauche.
Ce mouvement achevé, la pointe du pied droit du cavalier se trouve entre les pointes de pied de la dame.

4

Cavalier.
Il avance d'un pas long et bien marqué du pied gauche, talon-pointe, portant le poids du corps sur la même jambe.
Dame.
Elle recule d'un pas égal avec le pied droit, pointe-talon.

5

Cavalier.
Il fait un petit pas, sur la pointe, avec le pied droit, le poids du corps réparti sur les deux jambes.
Dame.
Elle recule la jambe gauche, le poids du corps sur les deux jambes.

6

Cavalier.
Il fait un tout petit pas en avant, pointe-talon, avec le pied gauche.
Dame.
Elle fait un tout petit pas en arrière, du pied droit, pointe-talon.

DAME ET CAVALIER, DEUX ÉTOILES EN ALTERNANCE

En général, en danse, la conduite du couple est confiée au cavalier, qui décide du mouvement. C'est également le cas pour la valse lente, où, cependant, de nombreuses situations permettent au cavalier et à la cavalière de dominer à tour de rôle.
Lors des trois premiers pas du tour à droite ouvert et des pas de change en avant, le cavalier évolue avec élan et fougue, attirant ainsi l'attention de tous. Mais la dame peut vite prendre sa revanche en devenant protagoniste dans la seconde partie du tour à droite ouvert, du tour à gauche ouvert et du tour spin. En tout cas, la danse offre aux deux partenaires l'occasion de s'exprimer pleinement au cours de leur interprétation.

TOUR À DROITE FERMÉ, 6 PAS

Appuis
Cavalier. 1 talon-pointe, 2 pointe, 3 pointe-talon, 4 pointe-talon, 5 pointe, 6 pointe-talon.
Dame. 1 pointe-talon, 2 pointe, 3 pointe-talon, 4 talon-pointe, 5 pointe, 6 pointe-talon.

C'est une rotation à droite que le cavalier commence par un mouvement contraire du corps. Dans cette figure, le couple effectue un tour complet qui se divise cependant en six mouvements, selon cette cadence : 1,2,3... 4,5,6. Aux points 3 et 6, le cavalier et la dame assemblent les pieds à plat, gracieusement et en frôlant le sol de la pointe du soulier. Au point 1, cavalier et dame effectuent un abaissement qui se transforme en élévation au point 3 et se répète aux points 4 et 6. Les débutants font le tour à droite, ou tour naturel, le long de la ligne de danse et quand ils se trouvent dans un coin de la salle. Mais les plus expérimentés se lancent dans le tour à droite au moment où ils sont dans la direction de la diagonale-centre ou de la diagonale-mur, car les figures se déroulent toujours le long des diagonales de la salle.

1

Cavalier.
Il se prépare à la rotation à droite par un mouvement contraire du corps : jambe droite en avant, épaule et hanche gauches en avant. Avec le pied droit, il avance d'un pas, du talon, le long de la ligne de danse, pose la pointe et fléchit alors les genoux en effectuant $1/8$ tour à droite.
Dame.
Avec la jambe gauche, elle fait un pas en arrière, légèrement de côté, sur la pointe, pose le talon et tourne autant que le cavalier pour lui laisser de l'espace.

2

Cavalier.
D'un ample mouvement, il écarte le pied gauche de côté en posant la pointe, il s'abaisse sur l'autre jambe et effectue $1/4$ tour.
Dame.
Elle déplace de côté le pied droit, en posant sur la pointe, et effectue $1/3$ tour pour laisser de l'espace au cavalier, qui la dépasse le long de la ligne de danse.

3

Cavalier.
Il joint lentement le pied droit au gauche, se dresse sur les pointes en faisant $1/8$ tour et pose le talon du pied droit.
Dame.
Elle unit le pied gauche au droit, se dresse aussi sur les pointes et pose le talon gauche.

4

Cavalier.
Il pose en arrière la pointe du pied gauche, fait $1/8$ tour à droite et pose le talon gauche : les bras et le buste sont en sens contraire par rapport au mouvement de la jambe gauche, qui est en arrière.
Dame.
Elle avance du talon droit, plie les genoux et suit le mouvement du danseur en effectuant $1/8$ tour.

5

Cavalier.
Il écarte la jambe droite, pose la pointe du pied et effectue $1/3$ tour. Avec le bras droit, il facilite alors la rotation de la dame, qui le dépasse.
Dame.
Elle déplace la jambe gauche de côté, dans un ample mouvement, glisse le pied gauche sur le sol et s'abaisse sur la jambe droite, en faisant $1/4$ tour.

6

Cavalier.
Il joint le pied gauche au droit en se dressant sur les pointes, puis en posant le talon gauche.
Dame.
Elle joint le pied droit au gauche, se dresse sur les pointes, pose le talon droit et achève la rotation de $1/8$ tour. Le couple peut alors commencer un autre tour à droite, continuer avec la base ou effectuer un pas de change fermé.

LE DÉROULEMENT DE LA DANSE

DANS LA VALSE LENTE, LE CAVALIER PART TOUJOURS DANS LA DIRECTION DIAGONALE-MUR. A LA DIFFÉRENCE DE LA VALSE VIENNOISE, DONT LA MUSIQUE EST PLUS RAPIDE, AVEC UNE ALTERNANCE DES TOURS À DROITE ET À GAUCHE, LA VALSE LENTE PRÉVOIT PLUSIEURS FIGURES, EN PLUS DES TOURS TRADITIONNELS : L'HÉSITATION, LE BALANCÉ, LE TOUR SPIN, LES CHASSÉS LATÉRAUX QUI, COMBINÉS ENTRE EUX POUR DES PROGRAMMES PARFAITS, OFFRENT AU SPECTATEUR UNE TRÈS BELLE CHORÉGRAPHIE.

TOUR À GAUCHE FERMÉ, 6 PAS

Appuis
Cavalier. 1 talon-pointe, 2 pointe, 3 pointe-talon, 4 pointe-talon, 5 pointe, 6 pointe-talon.
Dame. 1 pointe-talon, 2 pointe, 3 pointe-talon, 4 talon-pointe, 5 pointe, 6 pointe-talon.

Comme dans le tour à droite, le couple suit toujours trois directions : la ligne de danse, la diagonale vers le centre de la salle, la diagonale vers le mur. De fait, les débutants commencent le tour à gauche le long de la ligne de danse, tandis que les danseurs plus expérimentés l'exécutent le long des diagonales de la salle. Cette figure prévoit elle aussi un fléchissement des jambes au point 1 et une élévation au point 3 ; le mouvement se répète à partir des points 4 et 6.

1

Cavalier.
Il se prépare avec un mouvement contraire du corps, en portant en avant l'épaule droite : il avance d'un pas avec la jambe gauche, talon-pointe, le long de la diagonale-centre.
Dame.
Elle déplace la jambe droite en arrière d'un pas, pointe-talon, le long de la diagonale-centre ; les danseurs effectuent $^{1}/_{8}$ tour.

2

Cavalier.
D'un ample mouvement, il écarte le pied droit, et effectue $^{1}/_{4}$ tour.
Dame.
Elle fait $^{1}/_{3}$ tour en arrière et pose la pointe tout en écartant bien la jambe droite.

De la main droite, le cavalier doit pouvoir guider la danseuse, sans la serrer contre lui.

3

Cavalier.
Il joint le pied gauche au droit, se maintient sur les pointes, fait $^{1}/_{8}$ tour et pose le talon gauche.
Dame.
Elle joint le pied droit au gauche, se soulève sur les pointes et pose le talon droit.

4

Cavalier.
Il déplace la jambe droite en arrière d'un pas, pointe-talon, et se prépare à une rotation à gauche.
Dame.
Elle avance du pied gauche, talon-pointe, et suit son cavalier, puis tous deux effectuent $^{1}/_{8}$ tour.

5

Cavalier.
Il déplace de côté le pied gauche, sur la pointe, en direction de la diagonale-mur, le long de la ligne de danse, et fait vers la gauche, en arrière, $^{1}/_{3}$ tour.
Dame.
Elle déplace le pied droit de côté, sur la pointe, et effectue $^{1}/_{4}$ tour.

6

Cavalier.
Il joint le pied droit au gauche, reste sur les pointes, fait $^{1}/_{8}$ tour et pose le talon droit.
Dame.
Elle joint le pied gauche au droit, en restant sur les pointes de pied – ce mouvement permet d'achever la rotation de $^{1}/_{8}$ tour –, puis elle pose le talon gauche.

Afin de favoriser la rotation du buste à gauche, il est nécessaire de déplacer de côté la pointe du pied droit.

TOUR À DROITE OUVERT, 6 PAS

Appuis

Cavalier. 1 talon-pointe, 2 pointe, 3 pointe-talon, 4 pointe-talon, 5 pointe, 6 pointe-talon.
Dame. 1 pointe-talon, 2 pointe, 3 pointe-talon, 4 talon-pointe, 5 pointe, 6 pointe-talon.

Le cavalier se trouve ici en position diagonale face au mur. La figure débute comme dans le tour à droite fermé et les danseurs se font face. Au point 4, la dame se trouve à côté du cavalier et revient face à lui au point 5. Les deux premiers pas du cavalier sont décidés, avec une projection en avant de l'épaule gauche ; la dame avance avec le même élan que l'homme aux pas 4 et 5.

1

Cavalier.
Il fait un pas en avant, talon-pointe, avec le pied droit, dans le sens diagonale-mur, il fléchit les genoux et fait $^{1}/_{8}$ tour.
Dame.
Elle déplace le pied gauche en arrière, sur la pointe ; en même temps, elle fait $^{1}/_{8}$ tour.

2

Cavalier.
Tout en tournant, il enveloppe la dame de la jambe gauche, pose la pointe du pied et effectue $^{1}/_{4}$ tour.
Dame.
Elle fait $^{1}/_{3}$ tour, tend la jambe droite et pose la pointe du pied.

UNE MÉTAPHORE DE L'AMOUR

Si la valse viennoise peut représenter le flirt de deux personnes qui se plaisent et se poursuivent en se courtisant, la valse lente symbolise l'entente amoureuse, le moment où l'on passe des déclarations aux gestes. Il s'agit en quelque sorte d'une métaphore chorégraphique de l'amour, au moment où le simple désir se transforme en véritable passion. Que ce soit le tour spin, les tours à droite et à gauche ou les abaissements suivis d'élévations, les différentes figures miment en effet toutes les douceurs de l'étreinte et la symbolisent d'une façon délicate, surtout lorsque les partenaires ondoient, tandis que, par le mouvement alterné de la tête, la femme offre une image du plaisir.

3

Cavalier.
De la pointe du pied droit, il recule d'un pas, le long de la ligne de danse, fait $^{1}/_{8}$ tour en posant le talon droit.
Dame.
Elle avance avec la jambe gauche, pose d'abord la pointe, puis le talon, et se prépare à l'en-dehors.

4

Cavalier.
Il recule le long de la ligne de danse avec la jambe gauche, d'abord pointe, puis talon ; le pas est nettement long. Avec le bras droit, il guide la progression de la danseuse.
Dame.
Elle avance de la jambe droite et pose d'abord le talon, puis la pointe.

5

Cavalier.
Il fait $^{1}/_{4}$ tour à droite et déplace le pied droit sur le côté, sur la pointe du pied. La main droite aide la dame à effectuer la rotation et provoque une inclinaison du buste vers la gauche.
Dame.
Elle fait $^{1}/_{4}$ tour, écarte la jambe gauche de côté et pose la pointe du pied.

6

Cavalier.
Il tourne à droite les bras et le buste, et fait $^{1}/_{4}$ tour. Il joint le pied gauche au droit, pointe-talon, tout en se dirigeant face à la diagonale-centre.
Dame.
Elle joint le pied droit au gauche, pointe-talon, et fait aussi $^{1}/_{4}$ tour.

Entre les points 2 et 3, le danseur penche le buste à droite, et son épaule gauche est alors plus haute.

TOUR À GAUCHE OUVERT, 6 PAS

Appuis

Cavalier. 1 talon-pointe, 2 pointe, 3 pointe-talon, 4 pointe-talon, 5 pointe, 6 pointe-talon.
Dame. 1 pointe-talon, 2 pointe, 3 pointe-talon, 4 talon-pointe, 5 pointe, 6 pointe-talon.

On l'exécute toujours après les points 1, 2 et 3 du pas de base, ou bien 1, 2 et 3 de la marche, dans le tour à gauche ; la jambe de départ est la gauche pour le cavalier et bien sûr la droite pour la dame.
Le danseur, qui est tourné vers la diagonale-centre de la salle, se prépare au tour à gauche, avec la rotation des bras et du buste, et donc un mouvement contraire du corps. Cette figure est fondamentale pour réaliser un programme de danse avec les pas de change du pied gauche et du pied droit, et avec les tours à droite ouvert et fermé.

1

Cavalier.
Avec le pied gauche, il avance d'un pas, du talon, dans la direction de la diagonale-centre, tandis que le buste fait un mouvement contraire du corps ; il fléchit les genoux, pose le talon gauche et effectue ainsi $^{1}/_{8}$ tour.
Dame.
Elle recule le pied droit, sur la pointe, fait $^{1}/_{8}$ tour et, en même temps, pose le talon droit.

2

Cavalier.
Il écarte de côté la jambe droite, continue à tourner de $^{1}/_{4}$ tour, sur la pointe, et se retrouve face au centre de la salle, le buste légèrement incliné à gauche.
Dame.
Elle fait $^{1}/_{4}$ tour en arrière et, en tendant la jambe gauche, penche légèrement le buste à droite.

3

Cavalier.
Le poids sur la pointe du pied droit, il recule du pied gauche d'un pas modéré, le long de la ligne de danse, pose la pointe, puis le talon, en effectuant ainsi $^{1}/_{8}$ tour.

Dame.
Elle avance d'un pas modéré, la jambe droite à l'extérieur de son partenaire, d'abord pointe, puis talon, et effectue $^{1}/_{8}$ tour ; le buste reste tourné vers le cavalier afin qu'elle puisse se donner de l'élan pour le pas suivant.

4

Cavalier.
Du pied droit, il recule le long de la ligne de danse en posant d'abord la pointe, puis le talon ; le pas est nettement long. Avec un mouvement contraire du corps, il aide sa partenaire.

Dame.
Elle avance, décidée, du pied gauche, d'abord talon, puis pointe.

5

Cavalier.
Il fait $^{1}/_{4}$ tour à gauche, en allongeant la jambe gauche de côté, les épaules tournées vers le centre de la salle. La main gauche aide la danseuse à effectuer sa rotation et le buste est penché à droite.

Dame.
Elle suit le mouvement du cavalier, déplace la jambe droite de côté et fait $^{1}/_{4}$ tour, le buste incliné vers la gauche.

6

Cavalier.
Il joint le pied droit au gauche, achève la rotation du corps en posant le talon droit : il est tourné vers la diagonale-mur.

Dame.
Elle joint le pied gauche au droit, en tournant le corps, et pose le talon gauche.

TOUR SPIN, 9 PAS

Appuis
Cavalier. 1 talon-pointe, 2 pointe, 3 pointe-talon, 4 pointe-talon, 5 talon-pointe, 8 pointe, 9 pointe-talon.
Dame. 1 pointe-talon, 2 pointe, 3 pointe-talon, 4 talon-pointe, 5 pointe, 6 pointe-talon, 7 talon-pointe, 8 pointe, 9 pointe-talon.

Le tour spin est une grande figure, parmi les plus élégantes de la valse lente; on l'exécute après un demi-tour à droite, fermé. En pratique, il se compose d'un demi-tour à droite et d'un demi-tour à gauche, avec un mouvement d'onde marine. En effet, le couple s'abaisse et s'élève deux fois. La figure est complexe et il faut, pour une exécution correcte, une bonne entente entre les danseurs. Les points 1,2,3 correspondent aux trois premiers pas du tour à droite fermé.

1

Cavalier. Il se prépare à une rotation à droite, avec un mouvement contraire du corps : jambe droite en avant, épaule et hanche gauches en avant. Avec la jambe droite, il avance d'un pas, du talon, le long de la ligne de danse, puis fléchit les genoux, en posant la pointe droite, et effectue ainsi $^{1}/_{8}$ tour à droite.
Dame. De la jambe gauche, elle fait un pas en arrière, légèrement de côté, sur la pointe, pose le talon et tourne autant que le cavalier, pour lui laisser de l'espace.

Suite →

2

Cavalier.
D'un large mouvement, il écarte la jambe gauche de côté, s'abaisse sur la jambe droite et effectue $^1/_4$ tour.
Dame.
Elle déplace de côté le pied droit, fait $^1/_3$ tour pour laisser assez d'espace au cavalier, qui la dépasse le long de la ligne de danse.

3

Cavalier.
Il joint lentement le pied droit au gauche et se soulève sur les pointes ; en même temps, il fait une rotation de $^1/_8$ tour en posant le talon droit.
Dame.
Elle joint le pied gauche au droit, se dresse, elle aussi, sur les pointes et pose le talon gauche.

4

Cavalier.
Il recule le pied gauche, puis pose le talon et fait $^1/_4$ tour à droite ; les bras et le buste ont un mouvement contraire par rapport à la jambe, qui va en arrière.

Dame.
Elle avance avec le pied droit, talon-pointe, fléchit les genoux et suit exactement le mouvement du danseur, avec une rotation de $^1/_4$ tour.

Pour une rotation régulière du couple, dans le tour spin, les deux danseurs ont le buste penché à l'extérieur.

5

Cavalier.
Il avance la jambe droite, pose le talon, puis la pointe du pied, et fait alors $^1/_3$ tour en élévation. Avec le bras droit, il facilite la rotation de la dame, qui penche la tête en arrière.
Dame.
Elle déplace la jambe gauche de côté, avec un très ample mouvement, et s'abaisse sur la jambe droite, en faisant $^1/_3$ tour.

6

Cavalier.
Il recule du pied gauche en faisant un petit pas et pose d'abord la pointe, puis le talon.
Dame.
Du pied droit, elle avance d'un petit pas et pose d'abord la pointe, puis le talon.

7

Cavalier.
Avec le pied droit, il fait un long pas en arrière, pointe-talon, sans aucune rotation.
Dame.
Elle avance d'un pas du pied gauche, talon-pointe. Les deux danseurs sont en mouvement contraire du corps.

8

Cavalier.
Il écarte la jambe gauche, pose la pointe du pied et fait $^1/_4$ tour.
Dame.
Elle déplace de côté la pointe du pied droit et fait $^1/_4$ tour.

9

Cavalier.
Il joint le pied droit au gauche, pointe-talon.
Dame.
Elle joint le pied gauche au droit, pointe-talon. Le couple est prêt à exécuter les points 4,5,6 du pas de base, 4, 5,6 de la marche, ou se lance dans un ample tour à gauche.

LE PLAISIR DE REGARDER

Cela peut sembler paradoxal, mais la musique est la pire ennemie des danseurs, spécialement dans la valse lente, car la douceur et l'harmonie de la mélodie peuvent leur faire perdre le contrôle du rythme et des positions.

Une des erreurs les plus fréquentes des partenaires, surtout s'il s'agit du cavalier, est de suivre la musique en faisant ondoyer sa tête, ce qui ne convient pas du tout : d'un point de vue technique, le couple, en agissant ainsi, déroge aux règles de cette danse, car il ne maintient pas la position juste.

Or, chaque attitude, tout comme le sont les pas, est soigneusement codifiée. Les couples qui participent à des concours et qui se produisent en public doivent offrir un spectacle d'une perfection absolue. Ils doivent donc avoir du style et de l'allure tout en respectant scrupuleusement les règles de cette danse.

Le conseil à donner est donc le suivant : les danseurs doivent faire preuve d'une certaine retenue et limiter l'interprétation des figures à l'amplitude plus ou moins grande des pas, à l'abaissement et à l'élévation, aux mouvements contraires du corps. La valse lente, bien qu'étant une danse romantique, est très technique et requiert donc de la discipline.

Dans le tour spin, toute l'amplitude du mouvement est déterminée par la dame, car c'est elle qui mène.

BALANCÉ, 4 PAS

Appuis
Cavalier. 1 talon-pointe, 2 pointe-talon, 3 pointe, 4 pointe-talon.
Dame. 1 pointe, 2 talon-pointe, 3 pointe, 4 pointe-talon.

Cette figure chorégraphique typique où le cavalier soutient la cavalière qui s'étire vers l'arrière fait penser à un casqué (voir glossaire). Par ce geste, la femme s'écarte symboliquement, rejetant ainsi l'invitation amoureuse de son partenaire. On peut effectuer cette figure dans un coin de la salle, pour changer de direction, ou le long de la ligne de danse, mais dans ce cas le cavalier doit se trouver face au mur. Le balancé peut se répéter deux fois de suite ; c'est un mouvement conseillé aux couples les plus expérimentés pour leur éviter une perte de contrôle ou d'équilibre.

1

Cavalier.
Il avance avec le pied gauche, talon-pointe, et effectue avec tout le corps $^1/_8$ tour à gauche, en assumant avec sa partenaire un mouvement contraire du corps ; le pas est long pour que l'homme puisse mieux soutenir la dame qui s'étire en arrière.
Dame.
Elle recule du pied droit, sur la pointe du pied, fait $^1/_8$ tour vers la gauche et se penche en arrière, soutenue par le danseur.

2

Cavalier.
Il fait un petit pas en arrière, pointe-talon, avec le pied droit, et y porte le poids du corps.
Dame.
Elle revient à une position naturelle et fait un petit pas en avant, talon-pointe, du pied gauche, en portant sur ce pied le poids du corps.

3

Cavalier.
Il écarte la jambe gauche vers le centre de la salle en posant la pointe du pied.
Dame.
Elle déplace la jambe droite de côté, en direction du centre de la salle, en posant la pointe du pied.

4

Cavalier.
D'un mouvement pointe-talon, il joint le pied droit au gauche, qui reste prêt à poursuivre la danse.
Dame.
Elle croise d'un mouvement pointe-talon le pied gauche devant le droit, qui est libre pour un nouveau pas.

DES AIRS CÉLÈBRES

Une musique langoureuse, suggestive, invitant les partenaires à la complicité, telle est la valse lente. De nombreux airs se prêtent à cette danse, par exemple la sonate *Clair de lune* de Beethoven, pour rester dans le registre classique. Et, dans un domaine plus contemporain, quelques-uns des morceaux les plus célèbres sont : *Moon River*, la bande sonore de *Repas chez Tiffany*, un film tourné par Blake Edwards en 1961, avec Audrey Hepburn et George Peppard ; l'indémodable *Michelle*, chanson de John Lennon et Paul McCartney, l'une des plus connues des Beatles ; *My Way*, l'immense succès de Frank Sinatra. Mais l'air le plus émouvant est peut-être *La Valse des chandelles*. En effet, durant la Seconde Guerre mondiale, aux États-Unis, on entonnait cette musique pour évoquer les fils et les maris alors au front. Par la suite, l'habitude a été prise de jouer ce morceau au Premier de l'an, pour saluer avec émotion la mémoire des personnes aimées.

L'ample inclinaison en arrière de la danseuse détermine toute la beauté de la figure ; naturellement, le cavalier doit soutenir la dame d'une main suffisamment sûre.

CHASSÉ À GAUCHE, 8 PAS

Appuis

Cavalier. 1 talon-pointe, 2 pointe, 3 pointe-talon, 4 pointe-talon, 5 pointe, 6 pointe, 7 pointe, 8 pointe-talon.

Dame. 1 pointe-talon, 2 pointe, 3 pointe-talon, 4 talon-pointe, 5 pointe, 6 pointe, 7 pointe, 8 pointe-talon.

Les chassés à gauche sont deux petits pas latéraux qui s'effectuent après le quatrième pas du tour à gauche. Dans ce cas, le départ se fait le long de la diagonale-centre.
On y a recours autant pour embellir les tours que pour se déplacer le long de la ligne de danse si l'on veut éviter de se heurter aux autres couples.

1

Cavalier.
Il se prépare par un mouvement contraire du corps, avançant l'épaule droite ; puis il avance d'un pas du pied gauche, talon-pointe, le long de la diagonale-centre.
Dame.
Elle recule d'un pas le pied droit, pointe-talon, le long de la diagonale-centre ; les deux danseurs font $^1/_8$ tour.

2

Cavalier.
D'un ample mouvement, il tend la jambe droite, pose la pointe du pied, et effectue ainsi $^1/_4$ tour
Dame.
Elle fait $^1/_3$ tour en arrière, tout en écartant la jambe gauche.

3

Cavalier.
Il joint les pieds et fait $^{1}/_{8}$ tour.
Dame.
Elle joint les pieds sans rotation.

4

Cavalier.
Il déplace en arrière le pied gauche, pointe-talon, et fait $^{1}/_{8}$ tour.
Dame.
Elle avance du pied droit et tourne de $^{1}/_{8}$ tour.

5

Cavalier.
Il écarte la pointe du pied droit.
Dame.
Elle fait de même du pied gauche.

6

Cavalier.
Il joint le pied gauche au droit, en restant en appui sur les pointes.
Dame.
Elle joint le pied droit au gauche, en restant en appui sur les pointes.

7

Cavalier.
Face au centre de la salle, il déplace le pied droit, le long de la ligne de danse.
Dame.
Elle déplace le pied gauche sur le côté.

8

Cavalier.
Il joint le pied gauche au droit, d'un mouvement pointe-talon.
Dame.
Elle joint le pied droit au gauche, d'un mouvement pointe-talon.

CHASSÉ À DROITE, 8 PAS

Appuis
Cavalier. 1 talon-pointe, 2 pointe, 3 pointe-talon, 4 pointe-talon, 5 pointe, 6 pointe, 7 pointe, 8 pointe-talon.
Dame. 1 talon-pointe, 2 pointe, 3 pointe-talon, 4 talon-pointe, 5 pointe, 6 pointe, 7 pointe, 8 pointe-talon.

Les chassés à droite se font après le quatrième pas du tour à droite ; il s'agit de deux pas latéraux, le long de la ligne de danse. Comme les chassés à gauche, ils permettent aux deux danseurs d'avancer plus rapidement que les autres couples en train d'effectuer leurs tours.

Au point 2, le cavalier fait un grand pas à gauche.

1

Cavalier.
Il se prépare à la rotation à droite par un mouvement contraire du corps : jambe droite en avant, épaule et hanche gauches en avant. Puis il fait un pas du talon droit, fléchit les genoux et, sur la pointe du pied, effectue $^1/_8$ tour à droite.
Dame.
Du pied gauche, elle fait un pas en arrière et légèrement de côté, pointe-talon, et tourne autant que le cavalier pour lui laisser assez d'espace.

2

Cavalier.
D'un ample mouvement, il écarte la jambe gauche de côté, pose la pointe du pied, en fléchissant la jambe droite, et effectue $^1/_4$ tour.
Dame.
Elle déplace sur le côté la pointe du pied droit et fait $^1/_3$ tour, pour laisser assez d'espace au cavalier, qui la dépasse le long de la ligne de danse.

3

Cavalier.
Il joint les pieds et achève la rotation de $^1/_8$ tour.
Dame.
Elle joint les pieds.

4

Cavalier.
Il déplace d'un pas en arrière le pied droit, pointe-talon, et se prépare à une ample rotation à gauche.
Dame.
Elle avance le pied gauche, talon-pointe, et suit son partenaire ; les deux danseurs effectuent alors $^1/_8$ tour.

5

Cavalier.
Il écarte le pied gauche sur le côté.
Dame.
Elle pose le pied droit sur le côté.

6

Cavalier.
Il joint le pied droit au gauche.
Dame.
Elle joint le pied gauche au droit.

7

Cavalier.
Il écarte la jambe gauche.

Dame
Elle déplace le pied droit sur le côté.

8

Cavalier.
Il joint le pied droit au gauche, sur la pointe, et posc le talon.

Dame.
Elle joint le pied gauche au droit, sur la pointe, et pose le talon.

HÉSITATION, 9 PAS

Appuis
Cavalier. 1 talon-pointe, 2 pointe, 3 pointe-talon, 4 pointe-talon, 5 pointe, 6 pointe, 7 pointe-talon, 8 pointe, 9 pointe-talon.
Dame. 1 talon-pointe, 2 pointe, 3 pointe-talon, 4 talon-pointe, 5 pointe, 6 pointe, 7 talon-pointe, 8 pointe, 9 pointe-talon.

Hésitation signifie pause. Cette figure, en effet, est une suspension du mouvement pendant trois battements de mesure. C'est aussi une variation utilisée comme transition entre un demi-tour à droite fermé et un demi-tour à gauche fermé, et vice versa. L'hésitation n'est donc qu'un pas de change où les danseurs sont immobiles. La figure débute par un tour à droite fermé et s'achève sur le début d'un tour à gauche fermé.

1

Cavalier.
De la jambe droite, il avance d'un grand pas le long de la ligne de danse, fléchit les genoux et effectue ainsi $1/8$ tour à droite.
Dame.
Elle fait un pas en arrière, très légèrement de côté, de la jambe gauche, et tourne comme le danseur.

2

Cavalier.
Il déplace sur le côté la pointe du pied gauche, s'abaisse sur la jambe droite, et fait $1/4$ tour.
Dame.
Elle déplace sur le côté la pointe du pied droit et fait $1/3$ tour.

LE PROGRAMME DE DANSE IDÉAL

DÉBUTANTS : TOUR À DROITE FERMÉ, PAS DE CHANGE DU PIED DROIT (POINTS 1, 2, 3 DU PAS DE BASE), TOUR À GAUCHE FERMÉ, PAS DE CHANGE DU PIED GAUCHE (POINTS 4, 5, 6 DU PAS DE BASE) ; AU TERME DE CETTE SÉQUENCE, ON RECOMMENCE DEPUIS LE DÉBUT.
PLUS EXPÉRIMENTÉS : TROIS PAS DE MARCHE (POINTS 4, 5, 6), TOUR À DROITE OUVERT, PAS DE CHANGE DU PIED DROIT, TOUR À GAUCHE OUVERT, TROIS PAS DE MARCHE, DEMI-TOUR À DROITE FERMÉ, TOUR SPIN ; PUIS ON RÉPÈTE LA SÉQUENCE DEPUIS LE DÉBUT.
CONFIRMÉS : DEMI-TOUR À DROITE FERMÉ, TOUR SPIN, TROIS PAS DE MARCHE, TOUR À DROITE OUVERT AVEC CHASSÉ À DROITE, PAS DE CHANGE DU PIED GAUCHE, TOUR À DROITE FERMÉ, HÉSITATION, BALANCÉ, TOUR À GAUCHE OUVERT, TROIS PAS DE MARCHE ; PUIS ON REPART.

3

Cavalier.
Il joint le pied droit au gauche.
Dame.
Pointes jointes.

4

Cavalier.
Il recule la pointe du pied gauche et pose tout le pied sans tourner.
Dame.
Elle avance d'un mouvement talon-pointe la jambe droite, en pliant les genoux, et suit le danseur avec une rotation de $^{1}/_{8}$ tour.

5-6

Cavalier.
Il rapproche les pieds ; hésitation.
Dame.
Pieds rapprochés.

7

Cavalier.
Avec un mouvement contraire du corps, il recule d'un pas du pied droit, pointe-talon, le long de la diagonale-centre.
Dame.
Elle avance le pied gauche d'un pas ; les deux danseurs font $^{1}/_{8}$ tour.

8

Cavalier.
Il écarte la jambe gauche sur le côté, pose la pointe du pied et fait $^{1}/_{4}$ tour.

Dame.
Elle fait $^{1}/_{4}$ tour, en avançant le pied droit et en posant la pointe du pied.

9

Cavalier.
Il joint le pied droit au gauche, pointe-talon.
Dame.
Elle joint le pied gauche au droit, pointe-talon.

Tango

« Danser le tango, c'est danser une pensée triste », a dit un jour Enrique Santos Discépolo, l'un des plus grands compositeurs de tango argentins. Toute l'âme de cette danse tient dans cette formule élégante et si poétique. Mais le tango ne se résume pas seulement à un sentiment de nostalgie et de douleur. Il est aussi, et peut-être surtout, passion, séduction, sensualité. De la musique et du couple se dégage en effet une atmosphère d'une grande intensité dramatique ; à le voir évoluer, le public doit percevoir la violence des sentiments humains et de la passion que deux êtres peuvent éprouver l'un pour l'autre.
Profitant peut-être de l'engouement actuel pour les pays, les rythmes et les danses d'Amérique latine, le tango connaît depuis quelques années un véritable regain d'intérêt : les cours se multiplient, des films lui rendent hommage, les radios le réintroduisent dans leurs programmations musicales et des spectacles lui sont très souvent consacrés.
Et cela n'est que justice, car le tango est sans nul doute l'une des danses les plus belles qui soient.

Le successeur de la valse

Comme chacun sait, le tango est né en Argentine. Pourtant, il n'est pas un pur produit de la culture de ce pays : au contraire, il est l'œuvre d'influences diverses, apportées par les nombreuses vagues d'immigration que ce pays connut au début du XIXe siècle, lorsque Espagnols, Italiens et Français vinrent s'y installer. On peut dire qu'il résulte à la fois du folklore latino-américain et des danses européennes. Tout comme la valse, la mazurka et la polka, c'est une danse de couple. Le tango fut d'abord dansé dans les fêtes populaires de Buenos Aires, mais, vivement condamné par la bourgeoisie et l'Église, il gagna vite les bas-fonds des villes, sans toutefois être abandonné des populations des faubourgs, qui continuaient à danser à son rythme lors des bals dominicaux ou des mariages, pour le plus grand plaisir de tous. Mais, pour conquérir une véritable légitimité, le tango dut attendre d'être reconnu et adopté par l'Europe, et surtout par la France. Au début du XXe siècle, le tango connut à Paris un tel succès qu'il entraîna en Argentine un véritable élan de « francophilie » : dans les cabarets, lorsque le tango fut enfin mis à l'honneur, on parlait français, on s'habillait à la mode parisienne et les établissements portaient des noms tels que Le Moulin-Rouge ou Maxim's.

Lorsqu'il apparut, le tango était une danse entièrement nouvelle, puisqu'il rompait complètement avec toutes les formes de danses de couple qui l'avaient précédé. En effet, il y avait d'abord une rupture dans le rythme musical : si la valse, notamment, était caractérisée par un rythme régulier et répétitif, le tango, lui, intégrait des temps de pause et des accélérations. Cela, bien sûr, eut des conséquences sur la danse elle-même. Il ne s'agissait plus, alors, de répéter inlassablement les mêmes pas ou séries de pas : le couple pouvait à présent effectuer des figures. En outre, les deux partenaires n'évoluaient plus de manière absolument symétrique, le pas en avant de l'un n'entraînant plus systématiquement

À DROITE : DANS UNE ILLUSTRATION DE 1920 RÉALISÉE PAR LORENZI, DEUX FEMMES DANSENT ENSEMBLE, CE QUI ÉTAIT COURANT À L'ÉPOQUE. L'ARRIVÉE DU TANGO SUSCITA EN FAIT UN DÉBAT SUR LE RÔLE DU CAVALIER COMME GUIDE UNIQUE DU COUPLE DE DANSEURS. DANS DE NOMBREUSES FIGURES DE CETTE DANSE, C'EST LA DAME QUI CONDUIT. PAGE CI-CONTRE : AL PACINO DANS *PARFUM DE FEMME*.

le pas en arrière de l'autre. Et, l'homme et la femme exécutant des pas différents, il leur fallut trouver le moyen d'être pourtant parfaitement coordonnés. C'est ce qui explique qu'ils se tiennent aussi serrés, le plus infime mouvement de tête, d'épaule ou de bassin servant d'indication, pour celui des deux qui est mené, quant à la direction à prendre et aux mouvements à effectuer. Ce qui a pu apparaître aux yeux de certains comme un témoignage de grande immoralité n'était en fait qu'une contrainte permettant au couple soucieux de perfection d'exécuter le plus irréprochable des tangos. Il s'agissait là d'un impératif technique. De plus, ce qui accroissait encore considérablement la difficulté, c'est que, s'il y avait des figures, une large place était également faite à l'improvisation, ce qui constituait aussi une nouveauté, et non des moindres.

Si, à partir des années 10, le tango a connu en Europe un succès aussi vif, c'est certes en raison des qualités qui lui sont propres, mais c'est aussi parce que la valse, elle, commençait à lasser. En effet, cette dernière était déjà ancienne, et les rythmes jazz venus des États-Unis étaient à présent en vogue. On réclamait de la nouveauté. Peu à peu, le tango s'est diffusé, et il a suffi que l'on voie quelques personnalités telle Mistinguett s'initier à cette danse pour que la mode soit aussitôt lancée. Cependant, comme de nombreuses danses venues d'ailleurs, le tango a subi quelques modifications, quelques aménagements propres à lui permettre de s'intégrer pleinement à la culture européenne. La principale de ces modifications a sans doute été la suppression de l'improvisation, due à la standardisation du tango, opérée en même temps que celle des autres danses, afin de pouvoir organiser des compétitions internationales. On s'écartait ainsi définitivement de la forme originelle du tango, à tel point que l'on peut aujourd'hui parler de tango argentin et de tango européen.

De même que la valse et la polka, le tango a inspiré des compositeurs, qui l'ont fait entrer dans les établissements dédiés non à la danse, mais à la seule écoute de la musique. En outre, le tango a évolué rapidement, pour passer d'un genre purement instrumental à des morceaux chantés. Dès lors le tango devait connaître deux voies : d'une part la création de morceaux destinés à être dansés, d'autre part une musique autonome, chantée ou non, composée uniquement pour elle-même. Lorsqu'il y a des paroles, elles sont souvent empreintes de tristesse et de nostalgie. Le tango raconte en effet des histoires de rupture amoureuse, et l'atmosphère qui se dégage de tels textes est accentuée par l'incontournable bandonéon, qui vient ajouter sa complainte. Voici, par exemple, quelques lignes de *Tomo y obligo (A la vôtre)*, de Manuel Romero et Carlos Gardel : « Si les prairies pouvaient parler, cette pampa vous le dirait,/ de quelle fièvre je l'aimais, à quel point je l'ai adorée,/ combien de fois, à genoux, frissonnant, je suis resté planté/ sous l'arbre dénudé où je l'avais un jour embrassée. » Citons encore *Amargura (Amertume)*, d'Alfredo Le Pera et Carlos Gardel : « Son amour d'un jour/ fut toute ma fortune./ J'ai confié ma joie/ aux champs et à la lune./ A force de tant l'aimer,/ en elle je me consumais./ Aujourd'hui, il ne reste en moi/ que des pleurs.../ et ma douleur. » Ainsi le tango est-il devenu véritable synonyme de douleur et de peine. La passion déchirante, la violence des sentiments, la profonde nostalgie et l'exaltation des sens en sont les ingrédients indispensables.

C'est sans doute ce qui explique que le tango soit une danse extrêmement dramatique, qui se prête donc à toutes sortes de spectacles. Il n'est guère étonnant dès lors que le cinéma s'en soit emparé, et ce dès le début du siècle. En Argentine, bien sûr, nombreux furent les films – qui n'étaient encore que des courts métrages – lui rendant hommage, comme *Tango argentino*, tourné en 1900, qui sortit des frontières de ce pays pour être projeté dans différentes cours européennes. Mais ce qui marqua surtout le mariage du tango avec le septième art, c'est l'intérêt que porta Hollywood, la capitale internationale du cinéma, à cette danse. En 1921, on put voir la grande vedette de l'époque, Rudolph Valentino, interpréter un tango d'une débordante sensualité dans un film de Rex Ingram intitulé *Les Quatre Cavaliers de l'Apocalypse*. On ne saurait énumérer tous les films de l'histoire du cinéma qui, d'une manière ou d'une autre, font référence au tango. Il y a bien sûr le sulfureux *Dernier Tango à Paris* (1972), de Bernardo Bertolucci. Dans ce film, il n'est pas à proprement parler question de tango. Pourtant le choix de ce titre se justifie par la lourde charge émotionnelle

CI-CONTRE : LA PARTITION DE *LAGRIMAS*, L'UN DES TANGOS LES PLUS CÉLÈBRES, ŒUVRE DE L'ACCORDÉONISTE EDUARDO AROLAS. LA CHANSON ÉVOQUE UNE MÈRE QUE LA HONTE D'AVOIR UN FILS IVROGNE POUSSE AU DÉSESPOIR.
À GAUCHE : UN MENU DES ANNÉES 20 INSPIRÉ PAR LE TANGO.
PAGE CI-CONTRE : RUDOLPH VALENTINO EN EXTRAORDINAIRE *TANGUERO* DANS LE FILM *LES QUATRE CAVALIERS DE L'APOCALYPSE* (1921).

qu'il suppose : le tango sert ici de métaphore à l'attraction et aux pulsions sexuelles que vont soudainement et brièvement connaître un homme et une femme. Plus récemment, dans *Le Temps d'un week-end*, réalisé par Martin Brest en 1992, c'est un autre grand séducteur, Al Pacino, qui improvisait un inoubliable tango. Enfin, on peut évoquer l'œuvre d'Alan Parker, *Evita* (1996), dans laquelle l'une des étoiles montantes du cinéma espagnol, Antonio Banderas, se livre à un tango d'une telle beauté et avec une telle passion qu'il semble incarner cette danse et dire *« el tango soy yo » (« le tango, c'est moi »).*

Aujourd'hui, le tango jouit d'un grand succès et, en dépit de sa réputation, il est applaudi et reconnu internationalement. Des novices désireux d'en apprendre les pas emplissent les salles de cours, et les couples se rendant dans les clubs consacrés au tango se font de plus en plus nombreux. Dans les cabarets et sur les scènes de théâtre du monde entier, les spectacles et revues font salle comble. Le tango a été, et est encore, à l'origine d'un cinéma abondant, on l'a vu, mais aussi d'une littérature non négligeable. Il a également engendré de véritables mythes, tel que celui de Carlos Gardel qui, prématurément décédé dans des circonstances dramatiques, reste l'une des grandes figures du peuple argentin.

Si le tango possède déjà une riche et longue histoire – puisque sa création remonte à plus d'un siècle –, on peut néanmoins affirmer, et cela sans grand risque de se tromper, qu'il a aussi devant lui un fort bel avenir.

Tango

PAS DE BASE ARGENTIN OU MARCHE, 4 PAS

Base rythmique : 1 lent, 2 rapide, 3 rapide, 4 lent.

Appuis

Cavalier. 1 talon-pointe, 2 talon-pointe, 3 tout le pied, 4 talon-pointe.

Dame. 1 pointe-talon, 2 pointe-talon, 3 tout le pied, 4 pointe-talon.

Dans la danse de salon, le pas de base du tango débute le long de la ligne de danse. Le couple est légèrement de biais, et le cavalier se trouve face à la diagonale-centre. Cette façon de procéder, caractéristique, est appelée épaule menante. Cela signifie que le danseur avance le long de la ligne de danse, mais le corps tourné vers le centre de la piste. Le tango a un tempo de 2/4, avec une cadence qui varie de 30 à 32 battements à la minute. Le premier pas de la marche est long, le deuxième un peu plus court, et, pour le troisième, le cavalier joint les pieds ; le quatrième a la même longueur que le premier.

1

Cavalier.
Du pied droit, il fait un pas en avant, lent mais bien décidé, en effleurant le sol, et pose d'abord le talon, puis la pointe ; l'épaule droite conduit le corps dans sa tension en avant. A la fin du pas, il a tout le poids du corps sur la jambe droite.

Dame.
Elle recule d'un pas lent du pied gauche, tout en faisant glisser la pointe du pied sur toute la longueur du pas, pose le talon et fait peser dessus le poids du corps. En exécutant ce mouvement, la femme doit maintenir la position du buste sans se renverser en arrière.

2

Cavalier.
Avec le pied gauche, il fait, du talon, le deuxième pas en avant ; il est en appui sur la pointe de son pied gauche ; le buste est droit.
Dame.
Avec le pied droit, elle recule d'un pas, pointe-talon, égal à celui de son partenaire, sans perdre le contact.

3

Cavalier.
Il joint le pied droit au gauche : le droit se pose à environ la moitié du soulier du pied gauche ; puis il pose tout le pied, ramenant le poids du corps dessus.
Dame.
Elle joint le pied gauche au droit : la jambe gauche se place de façon à dépasser d'un demi-soulier le pied droit.

4

Cavalier.
Avec le pied gauche, il fait un long pas, en glissant le talon sur le sol, puis en posant la pointe du pied.
Dame.
Elle recule de la jambe droite, en faisant glisser le pied comme le danseur, mais en arrière.

POSITION
Les deux danseurs n'ont pas seulement les jambes fléchies, ils ont aussi les pieds joints, mais décalés : le droit est un peu en arrière, et cela vaut tant pour l'homme que pour la femme.
Cavalier.
La main droite est placée au-dessus de la taille de la femme, presque au milieu du dos.
Dame.
Le bras gauche entoure le bras droit du danseur, la main reste libre, paume tournée vers le bas.

TOUR À DROITE, 4 PAS

Base rythmique : 1 lent, 2 rapide, 3 rapide, 4 lent.

Appuis

Cavalier. 1 talon-pointe, 2 pointe, 3 tout le pied, 4 pointe-talon.

Dame. 1 pointe-talon, 2 pointe-talon, 3 tout le pied, 4 talon-pointe.

Ce simple tour naturel se fait dans les angles de la salle, le long de la ligne de danse, quand on veut éviter de heurter un autre couple : il peut être repris plusieurs fois de suite. Le premier pas, vers la droite, est lent et long ; le deuxième et le troisième sont rapides et synchronisés avec la rotation du buste qui tourne pour se placer le long de la nouvelle ligne de danse, si le tour est exécuté dans un angle de la salle ; le quatrième pas est lent.

1

Cavalier. Du pied droit, il avance d'un pas lent et long vers le mur, et fait $^{1}/_{8}$ tour, pose le talon, puis la pointe du pied, en faisant peser le poids du corps dessus.

Dame. Elle recule légèrement de côté la jambe gauche et fait un tour égal à celui du danseur, pointe-talon.

2

Cavalier. Il déplace latéralement la pointe du pied gauche, continue la rotation de $^{1}/_{4}$ tour à droite et se trouve face à la diagonale-mur.

Dame. Elle aussi déplace avec légèreté le pied droit, pointe-talon, et suit la rotation du danseur.

Dans le tango, la direction des pieds est indiquée par l'« épaule menante ».

3

Cavalier.
En joignant le pied droit au gauche, il effectue $^1/_8$ tour, pour se retrouver face à la ligne de danse.
Dame.
Elle joint le pied gauche au droit et suit la rotation du danseur.

4

Cavalier.
Il recule du pied gauche, pointe-talon, légèrement de côté, et achève la rotation à droite qui sera de $^1/_2$ tour, s'il veut continuer le long de la ligne de danse, ou de $^1/_4$ tour, s'il se trouve à proximité d'un angle de la salle, et s'il y a un changement de direction de la ligne de danse.
Dame.
Elle avance du pied droit, pose d'abord le talon, et exécute sa rotation sur la pointe droite.

L'EXPRESSION DU DÉSIR

Le tango est une danse construite sur des changements soudains de direction alternant avec des mouvements lents et des temps de pause. On peut interpréter ces derniers comme des propositions amoureuses et des élans de désir, et les changements de direction comme une façon d'y échapper et de les refuser. C'est un véritable jeu de séduction qui s'instaure entre les partenaires, les contacts langoureux succédant aux brusques refus. Ainsi le tango est-il une merveilleuse interprétation des sentiments exacerbés et de la passion orageuse.

Au point 4, le danseur recule et tourne sur la pointe du pied gauche.

TOUR À GAUCHE FERMÉ, 10 PAS

Base rythmique : 1 lent, 2 rapide, 3 rapide, 4 lent, 5 rapide, 6 rapide, 7 lent, 8 rapide, 9 rapide, 10 lent.

Appuis

Cavalier. 1 talon-pointe, 2 talon-pointe, 3 tout le pied, 4 talon-pointe, 5 pointe-talon, 6 tout le pied, 7 pointe-talon, 8 tout le pied, 9 pointe-talon, 10 pointe-talon.

Dame. 1 pointe-talon, 2 pointe-talon, 3 tout le pied, 4 talon-pointe, 5 pointe-talon, 6 tout le pied, 7 talon-pointe, 8 tout le pied, 9 pointe-talon, 10 pointe-talon.

Appelé aussi tour à l'envers, le tour à gauche fermé est plus difficile que le tour à droite car le cavalier est gêné par la dame, qui se trouve juste à sa droite. La figure débute au point 4 du pas de base argentin (après les pas 1, 2 et 3) ; elle est formée de six pas (4, 5, 6, 7, 8, 9) et s'achève sur un pas en avant du pied gauche (10) qui peut être le premier pas d'un autre tour à gauche ; autrement, on reprend le pas de base, du pied droit.

1

Cavalier. Il avance d'un pas lent du pied droit, talon-pointe.
Dame. Elle recule du pied gauche, pointe-talon.

2

Cavalier. Il avance du pied gauche, pointe-talon.
Dame. Elle fait un pas en arrière, du pied droit, pointe-talon.

3

Cavalier.
Il joint rapidement le pied droit au gauche.
Dame.
D'un mouvement rapide, elle joint le pied gauche au droit.

4

Cavalier.
il avance d'un pas lent du pied gauche, talon-pointe, et fait $^1/_8$ tour.
Dame.
Elle recule du pied droit, talon-pointe d'un mouvement lent, et fait $^1/_8$ tour.

DES MORCEAUX CÉLÈBRES

En matière de tango, l'air le plus célèbre de tous les temps est certainement *La Cumparsita*, qui est à cette danse ce que *le Beau Danube bleu* est à la valse. Écrit vers 1917 par l'Uruguayen Gerardo Hernan Matos Rodriguez, ce tango a été enregistré pour la première fois par Carlos Gardel en 1924, avec des textes de Pascual Contursi et Enrique Pedro Maroni. Aujourd'hui, il en existe environ deux cents versions. Parmi d'autres morceaux fameux, *El dia que me quieras* a donné son titre à un film homonyme de 1935, avec Carlos Gardel ; *Malavaje* et *Esta noche me emborracho* furent interprétés par Enrique Santos Discépolo ; *Cuando tu no estas sempre* le fut par Carlos Gardel ; citons aussi le très italien *Tango delle capinere*, de Cherubini et Bixio ; *Por una cabeza*, *La violeterra*, *Mi noche triste* et *Amado mio*, air rendu célèbre par Rita Hayworth dans le magnifique *Gilda*. Pour rester dans le domaine du cinéma, le titre du film de Bernardo Bertolucci *Dernier Tango à Paris*, de 1973, interprété par Marlon Brando et Maria Schneider, rendait hommage à un morceau de 1912, s'intitulant précisément *Le Dernier Tango*.
Tango et cinéma ayant toujours fait bon ménage, il serait très difficile de recenser toutes les œuvres nées de cette union. Citons toutefois l'inoubliable *Tango, l'exil de Gardel* (1985), de Fernando Ezequiel Solanas évoquant la fuite de nombreux Argentins pour échapper à la dictature, sur fond de musique composée par le grand Astor Piazzolla.

Pour mieux se faire conduire, la danseuse pose fermement son poignet gauche sur le dos de son cavalier, derrière l'épaule.

Suite →

5

Cavalier.
Il déplace latéralement le pied droit, pointe-talon, et effectue $^{1}/_{4}$ tour.
Dame.
Elle écarte de côté le pied gauche et suit la rotation du danseur. Pour tous deux, le mouvement est continu.

6

Cavalier.
Il joint, d'un pas rapide, le pied gauche au droit et effectue $^{1}/_{8}$ tour.
Dame.
Elle joint le pied droit au gauche et suit la rotation de son partenaire.

7

Cavalier.
Il recule le pied droit, légèrement de côté, pointe-talon, et d'un mouvement lent il effectue $^{1}/_{8}$ tour.
Dame.
Elle avance du pied gauche, en poursuivant sa rotation vers la gauche.

8

Cavalier.
Il déplace latéralement la jambe gauche et fait $^{1}/_{4}$ tour.
Dame.
Elle écarte de côté la jambe droite et suit le mouvement du cavalier.

LE PROGRAMME IDÉAL

Il existe trois niveaux, et, pour chacun d'eux, un programme de figures qui demandent une grande capacité d'interprétation de la part des danseurs. Au terme de chaque séquence, on recommence depuis le début. Débutants : pas de base, tour à droite fermé, pas de base, tour à gauche fermé, moyen corté. Plus expérimentés : pas de base, tour à gauche ouvert, pas latéral progressif, pas de base, moyen corté. Confirmés : pas de base, tour à gauche ouvert, pas latéral argentin, promenade fermée ou ouverte, moyen corté.

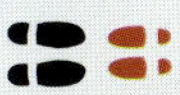

9

Cavalier.
Il joint le pied droit, pointe-talon, au gauche, fait $^1/_4$ tour complétant ainsi le tour.

Dame.
Elle joint le pied droit au gauche, pointe-talon, d'un mouvement rapide, et elle complète le tour avec le danseur.

10

Cavalier.
Il avance le talon du pied gauche le long de la ligne de danse et pose la pointe ; le mouvement est lent.

Dame.
Elle recule du pied droit, pointe-talon, d'un mouvement lent.

Au point 7, pour tourner à gauche, le cavalier recule le pied droit.

CARLOS GARDEL : UNE FIGURE MYTHIQUE

Même ceux qui ne sont pas férus de tango connaissent le nom de Carlos Gardel et l'associent à cette danse. S'il est généralement admis qu'il est né à Toulouse en 1890, il ne s'agit pas là d'une certitude, puisque d'aucuns prétendent qu'il serait né en Uruguay. Ce qui est parfaitement établi, en revanche, c'est qu'il est mort le 24 juin 1935, à Medellin, en Colombie, dans un accident d'avion, alors qu'il était au faîte de sa gloire. Naissance entourée de mystère, immense succès international, fin tragique et prématurée, tout concourait à engendrer le mythe.

Ayant toujours connu le monde du spectacle, puisque sa mère travaillait dans un théâtre, où elle s'occupait du linge des artistes, Carlos Gardel débuta sa carrière en 1912, en se produisant en duo avec un chanteur uruguayen. Cette association se prolongea jusqu'en 1925, date à laquelle Gardel prit véritablement son essor, changeant alors de répertoire et sortant des frontières de l'Amérique latine. Cette année-là, il enregistra en Espagne de nombreux morceaux, dont une majorité étaient des tangos. Puis il vint se produire à Paris, où le public français lui réserva un accueil enthousiaste et chaleureux. On le vit apparaître sur les écrans de cinéma, ce qui accrut encore sa notoriété et finit de faire de lui la figure emblématique de tout un peuple. En effet, les Argentins se reconnaissaient en cet homme d'origine modeste qui avait réussi à s'imposer par une carrière d'exception et qui avait fait connaître au monde entier la culture de leur pays. Aujourd'hui, Carlos Gardel reste bien vivant dans le cœur de nombreux Argentins.

TOUR À GAUCHE OUVERT, 6 PAS

Base rythmique : 1 rapide, 2 rapide, 3 lent, 4 rapide, 5 rapide, 6 lent.

Appuis

Cavalier. 1 talon-pointe, 2 pointe-talon, 3 pointe-talon, 4 pointe-talon, 5 pointe-talon, 6 talon-pointe.

Dame. 1 pointe-talon, 2 pointe-talon, 3 talon-pointe, 4 talon-pointe, 5 pointe-talon, 6 pointe-talon.

La figure s'effectue le long de la ligne de danse et consiste, pour le cavalier, à laisser la dame déboîter et se placer en dehors de lui. Elle débute après le point 1 du pas de base argentin, quand le cavalier avance du pied gauche, la dame reculant du droit. Le couple doit faire preuve de décision et réaliser ce tour à gauche, de manière soudaine, comme s'il s'agissait d'un changement de direction imprévu. Au point 3 de la figure, le danseur a sa partenaire placée à l'extérieur et non pas face à lui. A ce moment, il y a une pause qui se reproduit au pas 6, quand le cavalier reste à son tour en dehors.

1

Cavalier. Il avance le pied gauche, talon-pointe, dans le sens de la diagonale-centre. Le corps fait $^{1}/_{8}$ tour à gauche ; le cavalier est donc en mouvement contraire du corps.

Dame. Elle recule du pied droit, pointe-talon, effectue $^{1}/_{8}$ tour ; elle est donc également en mouvement contraire du corps.

2

Cavalier. Il déplace la jambe droite de côté, en faisant $^{1}/_{8}$ tour à gauche.

Dame. Elle déplace de côté la jambe gauche ; l'écart, c'est-à-dire le pas, doit être moins grand que celui du danseur, pour faciliter son passage.

3

Cavalier.
Il recule du pied gauche tout en effectuant $^1/_4$ tour ; il est important que, par rapport aux pieds, le reste du corps tourne un peu moins et puisse se trouver en mouvement contraire.

Dame.
Après s'être laissé guider par le cavalier, elle avance du pied droit d'un petit pas, en restant en dehors de son partenaire, sans perdre pour autant le contact de son corps.

4

Cavalier.
Il recule d'un long pas du pied droit, tout en continuant à tourner de $^1/_8$ tour.

Dame.
Elle avance le pied gauche, d'abord du talon, puis de tout le pied ; le corps effectue $^1/_8$ tour à gauche.

5

Cavalier.
Il déplace latéralement le pied gauche en portant le poids du corps dessus et continue à tourner de $^1/_4$ tour.

Dame.
Même mouvement pour déplacer le pied droit de côté, mais sans dépasser celui du cavalier, qui se prépare alors au déboîté.

6

Cavalier.
Il avance le pied droit d'un petit pas, continue la rotation de $^1/_8$ tour et reste en dehors de la dame.

Dame
Elle recule du pied gauche, en continuant à faire $^1/_8$ tour. Les danseurs sont tous deux en mouvement contraire du corps.

PAS LATÉRAL PROGRESSIF, 4 PAS

Base rythmique : 1 lent, 2 rapide, 3 rapide, 4 lent.

Appuis

Cavalier. 1 talon-pointe, 2 talon-pointe, 3 pointe-talon, 4 talon-pointe.
Dame. 1 pointe-talon, 2 pointe-talon, 3 pointe-talon, 4 pointe-talon.

Très semblable au pas latéral argentin, il s'en différencie au point 3, quand les danseurs, au lieu de joindre les pieds, les écartent d'un pas latéral : à droite pour le cavalier, à gauche pour la dame. Grâce à ce déplacement, le pas latéral progressif est utilisé pour changer de direction. On peut aussi ne se servir que des pas 2, 3, 4 de cette figure composée de quatre mouvements, par exemple après un tour à gauche ouvert, car il permet de rejoindre la ligne de danse. Le tour à gauche ouvert s'achève en effet face au mur ou face à la diagonale-mur.

1

Cavalier.
Il avance du pied droit, talon-pointe ; le pas est long et décidé.
Dame.
Elle recule du pied gauche, pointe-talon, d'un pas adapté à celui de son partenaire.

2

Cavalier.
Il avance du pied gauche, talon-pointe ; le pas est plus court que le précédent.
Dame.
Elle recule du droit, pointe-talon. Il y a mouvement contraire du corps pour les deux danseurs.

LE SIGNAL DU DÉPART

Le cavalier peut commencer à danser le tango soit du pied droit, soit du gauche. Mais il doit évidemment prévenir la dame. De quelle façon ? Le procédé est le suivant. Le danseur fléchit la jambe avec laquelle il veut commencer sa figure en ramenant ainsi le poids du corps sur l'autre. En même temps, avec la jambe fléchie, il frôle la jambe de la dame, de façon qu'elle puisse comprendre de quel pied il va commencer. Nul besoin de mots, l'astuce est simple, mais efficace.

3

Cavalier.
Il écarte latéralement le pied droit, légèrement plus en avant que le gauche.
Dame.
Elle déplace le pied gauche sur le côté, pointe-talon, d'une façon plus marquée que le danseur, avec le souci de placer le pied un peu en retrait par rapport au droit.

4

Cavalier.
Du pied gauche, il fait un pas en avant, talon-pointe,
Dame.
Du droit, elle fait un pas en arrière, pointe-talon. Mouvement contraire du corps pour les deux danseurs.

Au point 3, le cavalier allonge d'un mouvement rapide le pied droit, de côté, pointe-talon.

MOYEN CORTÉ, 4 PAS

Base rythmique : 1 lent, 2 rapide, 3 rapide, 4 lent.

Appuis

Cavalier. 1 talon-pointe, 2 talon-pointe, 3 pointe-talon, 4 pointe-talon.

Dame. 1 pointe-talon, 2 pointe, 3 talon-pointe, 4 talon-pointe.

Connue également sous le nom de « baiser refusé », cette figure est fougueuse et captivante, car elle marque un moment de passion contenue. Sa signification est évidente : d'un brusque mouvement de la tête, la dame, ou les deux danseurs ensemble, se refusent alors à tout baiser ou même à toute proposition amoureuse. L'exécution se fait le long de la ligne de danse, après un pas de base, ou bien le long de la diagonale-mur, après la promenade.

1

Cavalier. Il avance le pied droit, talon-pointe, le mouvement est lent et l'épaule droite entraîne le corps.

Dame. Elle recule du pied droit, pointe-talon, et maintient une attitude détachée qui annonce le refus.

2

Cavalier. Avec le pied gauche, il exécute un pas vif en avant, talon-pointe. Au même moment, de la main droite, il serre contre lui le corps de la dame : c'est le signal donné à la partenaire pour qu'elle exprime le premier refus.

Dame. Elle recule la pointe droite, et elle veille à ne pas poser le talon pour ne pas perdre l'équilibre. Après avoir reçu le signal, elle tourne brusquement la tête à droite, puis tout de suite à gauche.

LE BANDONÉON

S'il est un instrument de musique étroitement associé au tango, c'est bien le bandonéon. Injustement méconnu, il est presque exclusivement employé par les formations dévolues à ce genre musical. Créé au début des années 1820 par l'Allemand Heinrich Band, auquel il doit son nom, il ne connut un véritable développement qu'à partir des années 1850. Il semble qu'à la fin du XIXe siècle il soit enfin sorti des frontières étroites de l'Allemagne, puisque c'est en 1898 que cet instrument fut pour la première fois utilisé dans un orchestre de tango. Le son du bandonéon s'est peu à peu imposé jusqu'à faire partie intégrante du tango, au point qu'Astor Piazzolla, l'une des grandes figures du genre, lui a dédié l'une de ses compositions.

3

Cavalier.
D'un petit pas en arrière, il ramène le poids du corps sur le pied droit.
Dame.
Elle ramène le poids du corps sur le pied gauche.

4

Cavalier.
Il recule du pied gauche, pointe-talon, et fléchit la jambe, en ramenant le poids du corps dessus ; il serre à nouveau contre lui le corps de la danseuse qui, à ce signal, oppose un second refus.
Dame.
Elle avance du pied droit, talon-pointe, en portant le poids du corps dessus ; au signal du cavalier, elle tourne la tête brusquement, d'abord à droite, puis à gauche.

De la main droite, le danseur serre la dame contre lui, mais elle se retire alors en tournant la tête.

PROMENADE FERMÉE, 4 PAS

Base rythmique : 1 lent,
2 rapide, 3 rapide, 4 lent.

Appuis
Cavalier. 1 talon-pointe,
2 talon-pointe, 3 pointe-talon,
4 tout le pied.
Dame. 1 talon-pointe,
2 talon-pointe, 3 pointe-talon,
4 tout le pied.

C'est bien la figure la plus caractéristique du tango, et on l'exécute dans les angles de la salle, en direction diagonale-mur. Elle vient de préférence après le pas latéral argentin quand, la figure achevée, le danseur se trouve face au mur. Dans la promenade fermée, cavalier et dame avancent dans la même direction, et leurs flancs se frôlent ; le regard est fixe et tous deux ont un air de supériorité.

1

Cavalier.
Il avance du pied gauche, talon-pointe, dans la direction donnée par sa main gauche.
Dame.
Elle avance du pied droit, pointe-talon, dans la direction donnée par sa main droite. Les danseurs ont le visage tourné dans la direction où ils vont.

2

Cavalier.
D'un pas naturel et lent, il avance du talon droit et porte son poids dessus.
Dame.
Elle avance le talon gauche. Dans l'exécution de ce pas, les flancs des danseurs se frôlent.

3

Cavalier.
D'un mouvement brusque et très rapide, il déplace le pied gauche de côté, pointe-talon, le visage toujours tourné à gauche.
Dame.
Brusquement, elle fait un pas latéral du pied droit, pointe-talon, et, d'un geste vif, elle tourne la tête à gauche.

4

Cavalier.
D'un mouvement lent, il joint le pied droit au gauche.
Dame.
Comme le danseur, elle joint le pied gauche au droit.

LES ARCHÉTYPES DU TANGO

COMME ON L'A VU, LE TANGO EST UNE DANSE AU SEIN DE LAQUELLE LA PASSION AMOUREUSE ET LES PULSIONS SEXUELLES TIENNENT UNE PLACE IMPORTANTE, EN RAISON NOTAMMENT DE LA NATURE DES TEXTES QUI LE CONSTITUENT ET DU CONTEXTE HISTORIQUE DANS LEQUEL IL EST NÉ, PUIS S'EST DÉVELOPPÉ. EN OUTRE, CONTRAIREMENT À LA VALSE, OÙ LES PARTENAIRES ÉVOLUAIENT DE MANIÈRE PARALLÈLE ET SYMÉTRIQUE, LE TANGO RÉINTRODUISAIT UNE NETTE DIFFÉRENCIATION ENTRE L'HOMME ET LA FEMME, CEUX-CI N'EXÉCUTANT PAS DES PAS IDENTIQUES. CET ASPECT QUELQUE PEU DRAMATIQUE A CONDITIONNÉ UNE FORME DE SCÉNARIO OÙ LES RÔLES MASCULINS ET FÉMININS RÉPONDAIENT À DES ARCHÉTYPES QUE L'ON PEUT DÉFINIR DE LA MANIÈRE SUIVANTE : L'HOMME EST SOIT UN ÊTRE ENDURCI, FAISANT TAIRE SES SENTIMENTS, SOIT, AU CONTRAIRE, UN INDIVIDU BRISÉ PAR LA TRAHISON DE CELLE QU'IL AIMAIT ; QUANT À LA FEMME, ELLE PRÉSENTE UN VISAGE AMBIVALENT, PUISQU'ELLE EST SOIT CELLE PAR QUI LE MALHEUR ARRIVE, EN RAISON DE SON CARACTÈRE VOLAGE, SOIT CELLE QUI OFFRE L'IMAGE RASSURANTE DE LA MÈRE PROTECTRICE ET CONSOLATRICE. AINSI LE COUPLE DANSANT PEUT-IL JOUER SUR CES REGISTRES POUR RENDRE SON INTERPRÉTATION ENCORE PLUS THÉÂTRALE ET SPECTACULAIRE.

Au début de cette figure, les danseurs regardent dans la même direction.

PROMENADE OUVERTE, 4 PAS

Base rythmique : 1 lent, 2 rapide, 3 rapide, 4 lent.

Appuis

Cavalier. 1 talon-pointe, 2 talon-pointe, 3 pointe-talon, 4 talon-pointe.
Dame. 1 talon-pointe, 2 talon-pointe, 3 pointe-talon, 4 talon-pointe.

Cette figure est semblable à la promenade fermée, à une différence près : au point 4, le cavalier fait un pas en avant du pied droit et en dehors de la dame, au lieu de joindre ce pied au gauche. La direction est la diagonale-mur, et cette figure est en général exécutée après un pas latéral argentin ou bien après une *bandera* (drapeau). Pour obtenir un effet plus spectaculaire, on fait suivre la promenade ouverte des pas 2, 3 et 4 du pas latéral progressif.

1

Cavalier. D'un pas latéral, il avance le talon du pied gauche.
Dame. Elle avance latéralement le talon du pied droit.

2

Cavalier. Il avance d'un pas du pied droit, en posant le talon, puis la pointe du pied.
Dame. Elle suit le cavalier en avançant le pied gauche.

3

Cavalier.
Il fait un troisième pas en avant, du pied gauche.
Dame.
Elle déplace latéralement le pied droit et effectue $^1/_8$ tour.

4

Cavalier.
Il avance le pied droit, en dehors de la dame.
Dame.
Elle recule du pied gauche, pointe-talon. Les danseurs se trouvent en mouvement contraire du corps.

ASTOR PIAZZOLLA

L'autre grande figure du tango est sans conteste Astor Piazzolla. Né en 1921 à Mar del Plata, en Argentine, il apprit très jeune la musique, et à 13 ans il maîtrisait parfaitement le bandonéon. Ayant quitté son pays natal avec ses parents dès l'âge de 4 ans, c'est à New York qu'il fit son apprentissage. Puis il se partagea entre l'Argentine, la France – où il fut l'élève de Maurice Ravel – et les États-Unis. Ainsi, il a pu être au contact de diverses cultures musicales. Or Piazzolla s'est toujours attelé à mêler les genres ; il a notamment fait du jazz-tango dans les années 60, mais il a également composé une *Symphonie de Buenos Aires* ainsi qu'un opéra en deux actes, *Maria de Buenos Aires*. Mais ce qui fait vraiment la particularité de Piazzolla dans le domaine du tango, c'est qu'il était plus que tout autre un farouche partisan de l'autonomisation de la musique par rapport à la danse. C'est sans doute ce qui lui a permis d'innover.

Dans la promenade ouverte, le cavalier fait tourner la danseuse de la main droite.

BANDERA, 3 PAS

Base rythmique : 1 lent, 2 lent, 3 lent.

Appuis

Cavalier. 1 pointe-talon, 2 talon-pointe, 3 pointe-talon.
Dame. 1 talon-pointe, 2 talon-pointe, 3 talon-pointe.

La dame fait la cour à son cavalier. Elle va et vient en tâchant de le séduire. La figure s'exécute en direction de la diagonale-mur, après un tour à gauche fermé. Le cavalier se trouve à côté de la dame, le pied droit et le poids du corps en avant. Elle est alors prête à tourner, la jambe droite en avant, en appui sur le talon.

1

Cavalier. De la main droite, il soutient et fait tourner la danseuse vers la droite ; il transfère le poids du corps, pointe-talon, sur le pied gauche.
Dame. En appui sur le talon du pied droit, puis sur la pointe, elle effectue $^{1}/_{2}$ tour et, simultanément, lève la jambe gauche en arrière, à hauteur du genou droit.

2

Cavalier. Il revient à la position de départ, le poids du corps sur le pied droit, talon-pointe.
Dame. Pivotant sur le pied gauche, elle effectue $^{1}/_{2}$ tour à gauche et lève le pied droit en arrière, à hauteur du genou.

Le danseur se prépare, le pied droit en avant pour garder l'équilibre, et de la main droite il accompagne la danseuse en l'aidant à tourner.

3

Cavalier.
Il fait exécuter à la danseuse la troisième virevolte, le poids du corps transféré sur le pied gauche.
Dame.
Comme au point 1, d'abord en appui sur le talon du pied droit, puis sur la pointe, elle fait $^1/_2$ tour, levant le pied gauche. Cette figure s'achève sur les pas 2, 3 et 4 de la promenade fermée ou ouverte.

LA PLACE DU TANGO EN ARGENTINE

Le tango est bien plus qu'une simple danse. Pour tout un peuple, c'est une véritable identité culturelle, un art de vivre. Il a engendré films, littérature, spectacles... et surtout il a permis de fédérer un peuple qui s'était constitué, au début du XIXe siècle, grâce à l'arrivée de nombreux immigrés, dont la majorité était composée d'Espagnols et d'Italiens, mais aussi de Français. Au siècle suivant s'était créée autour du tango une convivialité tout à fait particulière. Dans les années 70 et 80, de nombreux Argentins fuirent leur pays pour échapper à la dictature, et ceux-ci contribuèrent énormément à la diffusion du vrai tango argentin, redécouvert à cette occasion par les Européens et notamment les Français.

La danseuse virevolte devant le cavalier comme pour le conquérir, levant tour à tour les jambes, avec un mouvement contraire du corps.

PAS LATÉRAL ARGENTIN, 4 PAS

Base rythmique : 1 lent, 2 rapide, 3 rapide, 4 lent.

Appuis
Cavalier. 1 talon-pointe, 2 talon-pointe, 3 pointe-talon, 4 tout le pied.
Dame. 1 pointe-talon, 2 pointe-talon, 3 pointe-talon, 4 tout le pied.

La figure ressemble au pas latéral progressif, mais à cette différence qu'au quatrième pas les danseurs assemblent les pieds et sont prêts à repartir (le cavalier avec le pied gauche, la dame avec le droit) pour la promenade fermée ou ouverte. D'une façon générale, le pas latéral argentin, comme le progressif, est utilisé pour changer de direction, car il donne la possibilité de ne pas tourner ou de tourner de $^1/_4$ tour à droite ou à gauche.

1

Cavalier.
Il avance d'un pas décidé, du pied droit, talon-pointe.
Dame.
Elle recule du pied gauche, pointe-talon, jambe droite fléchie.

2

Cavalier.
Il fait un pas en avant, talon-pointe, du pied gauche et, avec la danseuse, adopte un mouvement contraire du corps.
Dame.
Elle fait un pas en arrière du pied droit, pointe-talon, sans perdre contact avec le corps du danseur, qui se prépare pour un éventuel changement de direction.

3

Cavalier.
Il fait $^1/_4$ tour sur le pied droit.
Dame.
Elle tourne sur le pied gauche, pointe-talon.

4

Cavalier.
Il joint le pied gauche au droit et s'apprête à repartir pour une promenade ouverte ou fermée.
Dame.
Elle joint le pied droit au gauche et se prépare elle aussi à amorcer une des promenades.

LE DÉPART ANTICIPÉ

GÉNÉRALEMENT, AVANT DE COMMENCER À DANSER UN TANGO, LE COUPLE COMPTE SEIZE BATTEMENTS DE MESURE SUR LA MUSIQUE, APRÈS QUOI IL PEUT AMORCER LE PAS DE BASE ARGENTIN OU LA MARCHE. MAIS IL A AUSSI LA POSSIBILITÉ D'EFFECTUER LE « DÉPART ANTICIPÉ », QUI SE DÉROULE IMMUABLEMENT DE LA MANIÈRE SUIVANTE : LE CAVALIER NE COMPTE QUE LES HUIT PREMIERS BATTEMENTS DE MESURE DU MORCEAU, PUIS PART DU PIED GAUCHE POUR EXÉCUTER DIRECTEMENT LA FIGURE DU MOYEN CORTÉ ET ACCOMPLIR AINSI LE SECOND GROUPE DE HUIT TEMPS MUSICAUX. A LA FIN, LE DANSEUR SE TROUVE PRÊT POUR LE TRADITIONNEL DÉPART, DU PIED DROIT, C'EST-À-DIRE POUR LA MARCHE. LE DÉPART ANTICIPÉ, AVEC LA FIGURE DU MOYEN CORTÉ, EST INDÉNIABLEMENT L'UN DES PLUS SPECTACULAIRES.

Après le point 4 du pas latéral argentin, le couple se place en position promenade.

Fox-trot

Au début du XXe siècle, la danse a connu une authentique révolution. Jusque-là, les danses les plus populaires étaient nées en Europe et avaient franchi l'Atlantique pour gagner le Nouveau Monde. Mais, dès les premières années du siècle, la tendance s'est inversée : de nouveaux rythmes et de nouvelles danses ont fait leur apparition en Amérique, avant d'émigrer vers le Vieux Continent. Certes, la première danse à faire ce voyage a été le tango, mais il est indéniable que des influences italiennes, espagnoles et, plus largement, européennes, ont contribué de façon décisive à son développement. En fait, le véritable renversement de tendance s'est opéré au moment de la naissance du blues, du ragtime et du jazz, fruits de la rencontre des cultures musicales africaine et américaine. L'une des premières danses nées de ce métissage, sinon la première, a été le fox-trot, qui constituait une interprétation de la nouvelle musique et qui ouvrait la voie à tous les genres nouveaux venus d'Amérique : swing, boogie-woogie, rock and roll...

Musique américaine

Fox-trot signifie, en anglais, « pas du renard ». Il s'agit d'une marche souple à pas glissés, dans laquelle les danseurs évoluent joue contre joue, sur un rythme syncopé. Par ses mouvements, le fox-trot évoque les *animal dances* en vogue à l'époque. Ces danses étaient toutes associées à des animaux : *turkey trot* (trot du dindon), *camel walk* (promenade du chameau), *grizzly bear* (ours gris), *donkey trot* (marche de l'âne), pour n'en citer que quelques-unes. Selon les spécialistes, retrouver leur origine tiendrait tout simplement du casse-tête chinois. On peut néanmoins tenter de donner quelques repères. Au début de leur histoire, il y a le ragtime (rencontre entre le blues et le jazz) et le *cake walk* (promenade du gâteau). Cette danse clôturait les *minstrel show*, une forme de théâtre ambulant très répandue en Amérique à partir du XIXe siècle. Au cours de ces singuliers spectacles se produisaient des acteurs noirs imitant les Blancs, quand ceux-ci caricaturaient les Noirs. Le minstrel show se terminait invariablement par le *walk around*, au cours duquel on assistait au défilé de tous les acteurs. C'est de cette dernière danse stylisée et rythmée que serait né le « cake walk », ainsi appelé parce que le couple qui inventait les pas les plus originaux recevait en récompense un gâteau, *cake* en anglais.

Le cake walk était une danse sans règles, extrêmement créative, et qui avait donc le grand mérite de libérer les danseurs de l'obligation des tours et des pas glissés, typiques des danses européennes. Mais il n'est pas resté un cas isolé. Dans le même esprit, rompant avec toutes les règles de la danse, sont apparues les danses animalières, qui, grâce à leur liberté d'expression, remportèrent un grand succès en Europe. Or le fox-trot peut tout à fait être assimilé à ces danses animalières. Mais son histoire est toutefois un peu plus complexe, car, bien qu'appartenant au genre du ragtime, il a son origine propre. En effet, il ne doit pas tant son nom au renard, *fox* en anglais, qu'à l'acteur Harry Fox, qui créa ces pas pour un de ses spectacles, à New York.

Harry Fox était un comédien californien qui, après avoir travaillé dans le cirque familial, choisit de tenter sa chance au

CI-CONTRE : SOLDATS ALLIÉS EN FRANCE, APRÈS LE DÉBARQUEMENT EN NORMANDIE, DANS LE FILM *BOLERO* (1984) DE JOHN DEREK. PREMIÈRE DANSE AMÉRICAINE À CONQUÉRIR L'EUROPE, LE FOX-TROT A OUVERT LA VOIE À DE NOUVEAUX GENRES MUSICAUX. PAGE CI-CONTRE, AU CENTRE : LE GRAND FRED ASTAIRE DONNANT UNE LEÇON DE DANSE. EN BAS : LES PLATTERS, DANS LES ANNÉES 50, CHANTANT « ONLY YOU ».

théâtre, à San Francisco, où il obtint en 1904 un rôle important dans le spectacle *Mr Frisky of Frisco.* Mais le tremblement de terre de 1906 le contraignit à émigrer à l'est. Là, après avoir réussi à réaliser son show, *Harry Fox's Marry's,* et à participer à d'autres comédies musicales, il reçut en 1914 une proposition intéressante. Le New York Theatre, transformé depuis peu en cinéma, souhaitait en effet offrir un spectacle de variétés entre deux projections, pour laisser le temps au projectionniste de rembobiner le film. Harry Fox et ses danseuses, les American Beauties, entrèrent donc en scène avec un nouveau numéro de danse, qui se déroulait sur fond de ragtime. La danse, sorte de promenade ou de marche, baptisée fox-trot en l'honneur de son inventeur, fut un véritable succès. Et la décision de transformer le foyer du théâtre en jardin de danse – qui devait bientôt devenir la salle de danse la plus fréquentée de la ville – contribua incontestablement à accroître sa popularité. En outre, ses incessantes variations de rythme, ses mouvements simples et élémentaires, à la portée de tous, faisaient du fox-trot une danse particulièrement séduisante. En 1915, la nouvelle danse gagna Londres, où les maîtres de danse la soumirent à certaines transformations, supprimant les mouvements qui pouvaient paraître un peu trop exubérants et introduisant des figures répondant davantage aux canons de l'époque, tirées pour la plupart de la valse lente. Par ailleurs, toutes les danses animalières – et le fox-trot n'échappait pas à la règle – étaient souvent trop sensuelles, avec des gestes un peu trop audacieux pour l'époque.

Au début de l'après-guerre, une variante du fox-trot devint une danse très populaire : le *shimmy.* Celui-ci conquit une partie du public grâce à sa forte charge érotique, mais il fut cependant catalogué comme trop scandaleux par les gens bien-pensants. Il se dansait sur un air de fox-trot, mais les mouvements étaient nettement plus scandés, marquant une ondulation ascendante du corps.

Aujourd'hui, le fox-trot est beaucoup moins dansé que jadis. Il est néanmoins répertorié parmi les danses de salon, tandis que ses deux variantes, le quickstep, plus rapide, et le slow-fox, plus lent, font désormais partie des danses dites standard. Le fox-trot a donc survécu grâce aux compétitions.

Fox-trot

PAS DE BASE, 8 PAS
Base rythmique : 1 lent, 2 lent, 3 rapide, 4 rapide, 5 lent, 6 lent, 7 rapide, 8 rapide.

Appuis
Cavalier. 1 pointe-talon, 2 pointe-talon, 3 pointe, 4 pointe-talon, 5 talon-pointe, 6 talon-pointe, 7 pointe, 8 pointe-talon.
Dame. 1 talon-pointe, 2 talon-pointe, 3 pointe, 4 pointe-talon, 5 pointe-talon, 6 pointe-talon, 7 pointe, 8 pointe-talon.

La technique du fox-trot rappelle par bien des aspects celle de la valse lente, de la valse viennoise et de la mazurka, avec bien entendu un rythme très différent. La musique est alerte, à 4/4 avec 46-48 battements de mesure par minute. Le cavalier amorce la figure de base face à la diagonale-mur, le dos à la ligne de danse, et, contrairement aux autres danses, les deux premiers pas se font à reculons. Le couple évolue ensuite en zigzags le long de la ligne de danse, dans le sens contraire à celui des aiguilles d'une montre, comme pour toutes les danses.

1

Cavalier.
Il fait un pas en arrière, naturel et lent, du pied gauche, face à la diagonale-centre ; en appui sur tout le pied, il fait davantage reposer le poids du corps sur la pointe pour être plus léger et rapide dans les pas suivants.
Dame.
Elle avance le pied droit, entre les pieds du cavalier, d'un pas naturel, talon-pointe.

2

Cavalier.
Il recule le pied droit, pointe-talon, d'un pas lent, plus allongé que le précédent, toujours vers la diagonale-centre ; ce faisant, il effectue un mouvement contraire du corps : l'épaule droite légèrement en avant.
Dame.
Elle avance le pied gauche, talon-pointe, d'un pas aussi long que celui de son partenaire.

3

Cavalier.
Il déplace sur le côté la pointe du pied gauche, avec $^{1}/_{4}$ tour à gauche.
Dame.
Elle suit son partenaire.

4

Cavalier.
D'un mouvement rapide, il joint, pointe-talon, le pied droit au gauche.
Dame.
Elle suit le mouvement du danseur, joignant le pied gauche au droit. Les danseurs concluent ainsi la première partie des pas de base.

5

Cavalier.
Il avance le pied gauche, talon-pointe.
Dame.
Elle recule avec le pied droit.

6

Cavalier.
Il fait un pas en avant du pied droit, talon-pointe, entre les pieds de la danseuse ; le mouvement est ample et lent.
Dame.
Elle fait un pas en arrière, du pied gauche, pointe-talon.

7

Cavalier.
Il déplace le pied gauche de côté et fait alors $^{1}/_{4}$ tour à gauche.
Dame.
Elle déplace le pied droit de côté.

8

Cavalier.
Il joint le pied droit au gauche.
Dame.
Elle suit le mouvement du danseur.

PAS DE BASE EN DEHORS DE LA DAME, 8 PAS

Base rythmique : 1 lent, 2 lent, 3 rapide, 4 rapide, 5 lent, 6 lent, 7 rapide, 8 rapide.

Appuis

Cavalier. 1 pointe-talon, 2 pointe-talon, 3 pointe, 4 pointe-talon, 5 talon-pointe, 6 talon-pointe, 7 pointe, 8 pointe-talon.

Dame. 1 talon-pointe, 2 talon-pointe, 3 pointe, 4 pointe-talon, 5 pointe-talon, 6 pointe-talon, 7 pointe, 8 pointe-talon.

Il s'agit d'une variante du pas de base. En effet, l'exécution et la séquence des pas de cette figure sont les mêmes que dans la précédente, aux points 1, 2, 3, 4. Mais, aux points 5 et 6, le cavalier va se trouver « en dehors » de la dame, autrement dit latéralement à sa partenaire. Comme dans le pas de base, le cavalier amorce la figure face à la diagonale-mur, dos à la ligne de danse. Le couple évolue toujours en zigzag le long de la ligne de danse, dans le sens contraire à celui des aiguilles d'une montre.

1

Cavalier.
Il fait un pas en arrière, naturel et lent, du pied gauche, face à la diagonale-centre, en appui sur tout le pied.

Dame.
Elle avance le pied droit, d'un pas naturel, talon-pointe, entre les pieds du cavalier.

2

Cavalier.
Il recule le pied droit, pointe-talon, d'un pas lent, plus allongé que le précédent, toujours face à la diagonale-centre ; ce faisant, il fait un mouvement contraire du corps, l'épaule droite légèrement en avant.

Dame.
Elle avance le pied gauche, talon-pointe, d'un pas de longueur égale à celui de son partenaire.

3

Cavalier.
Il écarte le pied gauche et effectue $^{1}/_{4}$ tour.
Dame.
Elle suit son partenaire.

4

Cavalier.
D'un mouvement rapide, il joint, pointe-talon, le pied droit au gauche.
Dame.
Elle suit le mouvement du danseur : elle joint, pointe-talon, le pied gauche au droit.

5

Cavalier.
Il déplace le pied gauche en dehors.
Dame.
Du pied droit, elle effectue un pas de côté.

6

Cavalier.
Du pied droit, il fait un long pas en avant, talon-pointe, en direction de la diagonale-mur, et reste en dehors de la dame ; le mouvement est ample et lent.
Dame.
Elle fait un pas en arrière avec le pied gauche, pointe-talon.

7

Cavalier.
Comme au point 3, il déplace le pied gauche de côté et fait $^{1}/_{4}$ tour à gauche.
Dame.
Elle déplace le pied droit de côté et suit le danseur.

8

Cavalier.
Il joint le pied droit au gauche.
Dame.
Elle suit le mouvement du danseur, et joint le pied gauche au droit.

TOUR À DROITE FERMÉ, 4 PAS

Base rythmique : 1 lent, 2 lent, 3 rapide, 4 rapide.

Appuis

Cavalier : 1 pointe, 2 talon-pointe, 3 pointe, 4 pointe-talon.
Dame. 1 talon-pointe, 2 pointe, 3 pointe, 4 pointe-talon.

Il s'agit d'un mouvement un peu compliqué, car le couple doit effectuer $^7/_8$ tour à droite, en deux temps. Dans la première partie, la rotation fait $^1/_2$ tour, dans la seconde $^1/_3$. Même si elle présente quelques difficultés, cette figure donne une très grande satisfaction, tant aux danseurs qu'aux spectateurs, car elle offre une image de grand style par son ampleur. Le tour à droite fermé s'exécute toujours après les quatre premiers pas du pas de base. Pour exécuter la figure complète, il faut huit pas. Au début du tour à droite fermé, le cavalier se trouve face à la diagonale-mur.

1

Cavalier.
Ayant exécuté la première partie de la base, le danseur amène le pied gauche en arrière, sur la pointe, et tourne le buste à droite en effectuant $^1/_2$ tour.
Dame.
Elle amène en avant le pied droit, talon-pointe, et tourne comme son partenaire.

2

Cavalier.
Il amène le pied droit en avant, talon-pointe, et fait peser le poids du corps dessus.
Dame.
Elle se laisse guider et pose en arrière la pointe du pied gauche. Les deux danseurs sont en mouvement contraire du corps.

3

Cavalier.
Il poursuit la rotation à droite : il déplace sur le côté la pointe du pied gauche, puis effectue 1/3 tour et se trouve face à la diagonale-centre, le dos à la ligne de danse.
Dame.
Elle suit la rotation à droite du danseur et pose la pointe du pied droit sur le côté.

4

Cavalier.
Il joint le pied droit au gauche, pointe-talon.
Dame.
Elle joint le pied gauche au droit, pointe-talon. Le couple est prêt pour un autre tour à droite ou pour un nouveau pas de base.

Dans le fox-trot, les pas en avant et en arrière sont toujours très longs, pour le cavalier comme pour la dame.

L'AMÉRIQUE DANSE...

Parmi les danses purement américaines, c'est le fox-trot qui, le premier, a connu une diffusion internationale retentissante. Beaucoup d'autres, également « made in USA », vont connaître le même destin enviable. Toutes viennent du jazz. Une des plus célèbres, et peut-être la plus révolutionnaire, est évidemment le célébrissime charleston. Né officiellement en 1923, il va susciter un tel engouement, tant aux États-Unis qu'en Europe, qu'il influera de manière décisive sur la mode féminine. A Paris, après la « Revue nègre » (1925), où chante la débutante Joséphine Baker, les belles adoptent les cheveux coupés « à la garçonne », les jupes courtes et les vêtements collants. A la même époque, et toujours aux États-Unis, apparaît le boogie-woogie, qui est un blues très rythmé. Il s'agissait d'un style pianistique, pratiqué dans le sud des États-Unis, qui devait se développer à Chicago dans les années 20 et 30, en passant peu à peu du piano à l'orchestre. Bien plus tard, dans les années 50, le rock and roll, issu du rhytm and blues et synthèse de la musique noire et du country-western, va connaître un succès encore plus grand.

TOUR À GAUCHE FERMÉ, 6 PAS

Base rythmique : 1 lent, 2 rapide, 3 rapide, 4 lent, 5 rapide, 6 rapide.

Appuis

Cavalier. 1 talon-pointe, 2 pointe, 3 pointe-talon, 4 pointe-talon, 5 pointe, 6 pointe-talon.

Dame. 1 pointe-talon, 2 pointe, 3 pointe-talon, 4 talon-pointe, 5 pointe, 6 pointe-talon.

Ce tour se fait toujours après le pas de base, sans oublier qu'aux points 7 et 8 de ce dernier le cavalier doit alors effectuer $^1/_8$ tour en plus, pour se retrouver ensuite le long de la ligne de danse. C'est en effet l'orientation de départ du tour à gauche fermé. Le pas est divisé en deux temps : dans le premier, le danseur effectue $^1/_2$ tour, dans le second $^1/_3$.

1

Cavalier. Dans un mouvement contraire du corps, il avance, talon-pointe, du pied gauche, face à la diagonale-centre.

Dame. Elle recule, pointe-talon, du pied gauche et effectue $^1/_8$ tour à gauche.

2

Cavalier. Il déplace de côté le pied droit, en appui sur la pointe, et effectue $^1/_4$ tour autour de sa partenaire.

Dame. Elle suit le mouvement du danseur et tourne sur la pointe du pied gauche.

Sans accentuer le mouvement, le cavalier aide avec les bras la dame à reculer.

3

Cavalier.
Il joint, pointe-talon, le pied gauche au droit, tout en faisant $^{1}/_{8}$ tour.
Dame.
Elle rapproche, pointe-talon, le pied droit du gauche et fait elle aussi $^{1}/_{8}$ tour.

4

Cavalier.
Il recule avec le pied droit, pointe-talon, et fait sur la pointe, à gauche, $^{1}/_{8}$ tour.
Dame.
Elle avance, talon-pointe, avec le pied gauche et effectue $^{1}/_{8}$ tour.

5

Cavalier.
Il pose la pointe du pied gauche sur le côté et fait $^{1}/_{4}$ tour, pour se trouver face à la diagonale-mur.
Dame.
Elle pose, sur la pointe, le pied droit devant le pied gauche du cavalier et tourne autant que lui.

6

Cavalier.
Il joint, pointe-talon, le pied droit au gauche.
Dame.
Elle joint, pointe-talon, le pied gauche au droit.

UNE DANSE ASSAGIE

Au début, le fox-trot était une danse très exubérante, ponctuée de sauts et de coups de pied. Cela s'explique par le fait qu'elle avait été créée pour la scène et elle se devait donc d'être spectaculaire. Mais, en arrivant en Angleterre, le fox-trot subit une véritable transformation. Les professeurs de danse anglais soumirent la danse américaine à une sorte de réforme, de façon à en atténuer le côté extravagant. C'est ainsi que quelques figures furent adaptées, tandis que d'autres furent introduites, certaines étant empruntées à la valse lente, d'exécution ample. De ces modifications importantes est né le fox-trot anglais, considéré par beaucoup comme la plus typique des danses anglaises. Deux variantes du nouveau fox-trot se développèrent : le quickstep, plus rapide, et le slow-fox, plus lent. Ces trois danses, en raison de l'ampleur des mouvements, de la construction des figures et des pas longs et glissants, exigent de disposer de beaucoup d'espace.

PAS À GAUCHE OUVERT, 6 PAS

Base rythmique : 1 lent, 2 lent, 3 lent, 4 lent, 5 rapide, 6 rapide.

Appuis

Cavalier. 1 talon-pointe, 2 pointe-talon, 3 pointe-talon, 4 pointe-talon, 5 pointe, 6 pointe-talon.
Dame. 1 pointe-talon, 2 pointe-talon, 3 talon-pointe, 4 talon-pointe, 5 pointe, 6 pointe-talon.

Semblable au tour à gauche ouvert de la valse lente, il s'exécute toujours après la première partie du pas de base, les points 1, 2, 3 et 4. Il faut effectuer $^1/_8$ tour en plus, dans la première partie du pas de base, pour se retrouver face à la ligne de danse ; en fait, au lieu de $^1/_4$ tour, il faut effectuer $^1/_3$ tour.

1

Cavalier.
Il avance, talon-pointe, du pied gauche et, dans un mouvement contraire du corps, effectue $^1/_8$ tour à gauche.
Dame.
Elle recule d'un pas, pointe-talon, du pied droit et fait à gauche $^1/_8$ tour.

2

Cavalier.
Il fait un pas latéral, pointe-talon, du pied droit, fait $^1/_4$ tour et dépasse sa partenaire.
Dame.
Elle déplace de côté le pied gauche, pointe-talon, fait aussi $^1/_4$ tour et se retrouve face à la diagonale-mur, le long de la ligne de danse.

LE PROGRAMME IDÉAL

Comme pour les autres danses, trois niveaux sont proposés. Pour chacun, le programme peut être répété plusieurs fois.
Débutants : pas de base, demi-tour à droite, deux chassés à droite, pas de base, tour à gauche fermé, pas de base en dehors de la dame.
Plus expérimentés : pas de base, tour à droite, pas de base, chassé à droite, tour à gauche ouvert.
Confirmés : pas de base, demi-tour à droite, deux chassés à droite, pas de base, pas de base en dehors de la dame, tour à gauche ouvert, pas de base, balancé.

3

Cavalier.
Il recule, pointe-talon, du pied gauche, pour se trouver dos à la ligne de danse.
Dame.
Elle avance de côté le pied droit, talon-pointe, le long de la ligne de danse.

4

Cavalier.
Il recule d'un pas long, toujours le long de la ligne de danse, avec le pied droit, pointe-talon, et effectue $^{1}/_{8}$ tour.
Dame.
Elle avance, talon-pointe, du pied gauche, en portant le poids du corps dessus, pour se donner de l'élan dans le pas suivant.

5

Cavalier.
Il fait un pas latéral, sur la pointe du pied gauche, et fait $^{1}/_{4}$ tour, pour se trouver face à la diagonale-mur.
Dame.
Elle suit le mouvement du cavalier, en déplaçant de côté la pointe du pied droit.

6

Cavalier.
Il joint, pointe-talon, le pied droit au gauche et s'apprête à entamer la seconde partie du pas de base (pas 5, 6, 7, 8).
Dame.
Elle joint, pointe-talon, le pied gauche au droit.
Les danseurs effectuent $^{7}/_{8}$ tour à gauche.

Au point 3, le pas du danseur, qui recule du pied gauche, est court, pour ne pas perdre l'équilibre.

CHASSÉ À DROITE, 8 PAS

Base rythmique : 1 lent, 2 rapide, 3 rapide, 4 rapide, 5 rapide, 6 lent, 7 rapide.

Appuis

Cavalier. 1 pointe-talon, 2 pointe, 3 pointe, 4 pointe, 5 pointe-talon, 6 talon-pointe, 7 pointe, 8 pointe-talon.
Dame. 1 talon-pointe, 2 pointe, 3 pointe, 4 pointe, 5 pointe-talon, 6 pointe-talon, 7 pointe, 8 pointe-talon.

Voici une figure très élégante, simple à exécuter et utile pour sortir de la piste en cas d'« encombrement ». Elle est conseillée quand on se trouve dans les angles de la salle, surtout pour les débutants, car c'est la plus facile. Elle s'exécute après un tour à droite ou après la seconde partie du pas de base, mais il faut alors tourner un peu plus pour faciliter le début du chassé dans la bonne direction. En outre, si l'on veut répéter ce chassé, il faut effectuer $^{1}/_{8}$ tour de plus aux points 6 et 7.

1

Cavalier.
Il recule, pointe-talon, du pied gauche, dans un mouvement contraire du corps ; le pas est long.
Dame.
Elle avance résolument le pied droit, talon-pointe, dans un mouvement contraire du corps.

2

Cavalier.
Il pose sur le côté la pointe du pied droit, de façon naturelle, puis effectue $^{1}/_{4}$ tour et se trouve face au centre de la salle.
Dame.
Elle déplace le pied gauche sur le côté, effectue $^{1}/_{4}$ tour, et se trouve face au mur.

3

Cavalier.
Il joint le pied gauche au droit.
Dame.
Elle joint le pied droit au gauche.

4

Cavalier.
Il pose la pointe du pied droit sur le côté.
Dame.
Elle déplace le pied gauche sur le côté, d'un pas naturel.

5

Cavalier.
Il joint le pied gauche au droit.
Dame.
Elle joint le pied droit au gauche.

6

Cavalier.
Il avance d'un pas décidé, dans un mouvement contraire du corps, avec le pied droit, talon-pointe, le long de la ligne de danse et effectue $^1/_4$ tour ; le pas est long.
Dame.
Elle fait un long pas en arrière du pied gauche, pointe-talon, et effectue $^1/_4$ tour.

7

Cavalier.
Il pose le pied gauche sur le côté et fait $^1/_4$ tour.

Dame.
Elle effectue sur la droite $^1/_4$ tour.

8

Cavalier.
Il joint le pied droit au gauche.

Dame.
Elle joint le pied gauche au droit.

BALANCÉ, 4 PAS

Base rythmique : 1 lent, 2 lent, 3 rapide, 4 rapide.

Appuis

Cavalier. 1 talon-pointe, 2 pointe-talon, 3 pointe, 4 pointe-talon.
Dame. 1 pointe, 2 talon-pointe, 3 pointe, 4 pointe-talon.

Le balancé est une figure de grande ampleur qui produit beaucoup d'effet : la dame soutenue par le danseur se renverse en arrière d'un mouvement lent et très féminin. Le balancé peut s'exécuter après les pas de base et dans n'importe quelle direction. L'exécution peut être plus ou moins ample, selon la rotation que l'homme fait faire à la danseuse : de $^1/_8$ à $^1/_2$ tour.

Au point 1, le pied gauche du cavalier est placé très en avant, de façon à soutenir la dame.

1

Cavalier.
Il avance, talon-pointe, le pied gauche, en faisant tourner bassin et tronc à gauche, de façon à se trouver en mouvement contraire du corps. La jambe gauche est fléchie et les cuisses sont rapprochées.
Dame.
Elle recule sur la pointe du pied droit et tourne le bassin et le tronc à gauche. La jambe droite est fléchie et les cuisses sont rapprochées.

2

Cavalier.
Il transfère le poids du corps en arrière, du pied gauche sur le droit.
Dame.
Elle transfère le poids du corps en avant, du pied droit sur le gauche.

3

Cavalier.
Il écarte latéralement le pied gauche.
Dame.
Elle déplace latéralement le pied droit.

4

Cavalier.
Il joint, sur les pointes, le pied droit au gauche.
Dame.
Elle croise le pied gauche devant le droit.

Aux points 3 et 4, les danseurs sont face à face, ayant tous deux le poids du corps sur les deux pieds.

LES *ANIMAL DANCES*

Lorsque le fox-trot, dont la signification est littéralement « trot du renard », apparut vers 1914 aux États-Unis, puis en Europe, d'autres danses à thème animalier commencèrent à déferler : pas du chameau, trot du dindon, promenade de l'oie, marche de l'âne, glissement du paon, pas du poisson. Ces danses, comme le fox-trot, étaient toutes issues de la culture musicale afro-américaine, donc du ragtime et du jazz. La plus ancienne était le turkey trot, également dénommé one-step. Mais les *animal dances*, même si elles semblaient très modernes, puisaient leur origine dans des traditions ancestrales.

De tout temps, l'homme a utilisé la danse pour imiter la réalité. Dans de nombreuses civilisations, à côté des danses rituelles de chasse, de combat ou à caractère religieux, il y avait, et il y a encore, les danses animalières. En effet, certains peuples croient que tout ce qui fait partie de la vie, animaux compris, possède son âme et sa magie propres. Ainsi ont pu naître des danses comme celles de l'ours, du phoque, du buffle, du kangourou, de la tortue, etc. Ce type de danse a une fonction essentiellement propitiatoire : on imite l'animal, presque toujours considéré comme une source de nourriture, pour réduire le pouvoir dont il est investi afin de le chasser plus facilement, pour apaiser l'esprit de la bête, une fois abattue, afin de s'approprier ses pouvoirs magiques de façon qu'elle ne puisse pas se venger, et pour favoriser la fécondité de l'espèce, afin qu'il y ait un nombre suffisant d'individus pour les chasser.

Telles sont, brièvement résumées, les origines des danses animales. Mais quand elles apparurent dans la culture occidentale, elles perdirent immédiatement leur signification. Dès lors, imiter l'âne ou le dindon n'avait plus aucune signification symbolique ou sacrée, il s'agissait seulement de danser pour se divertir.

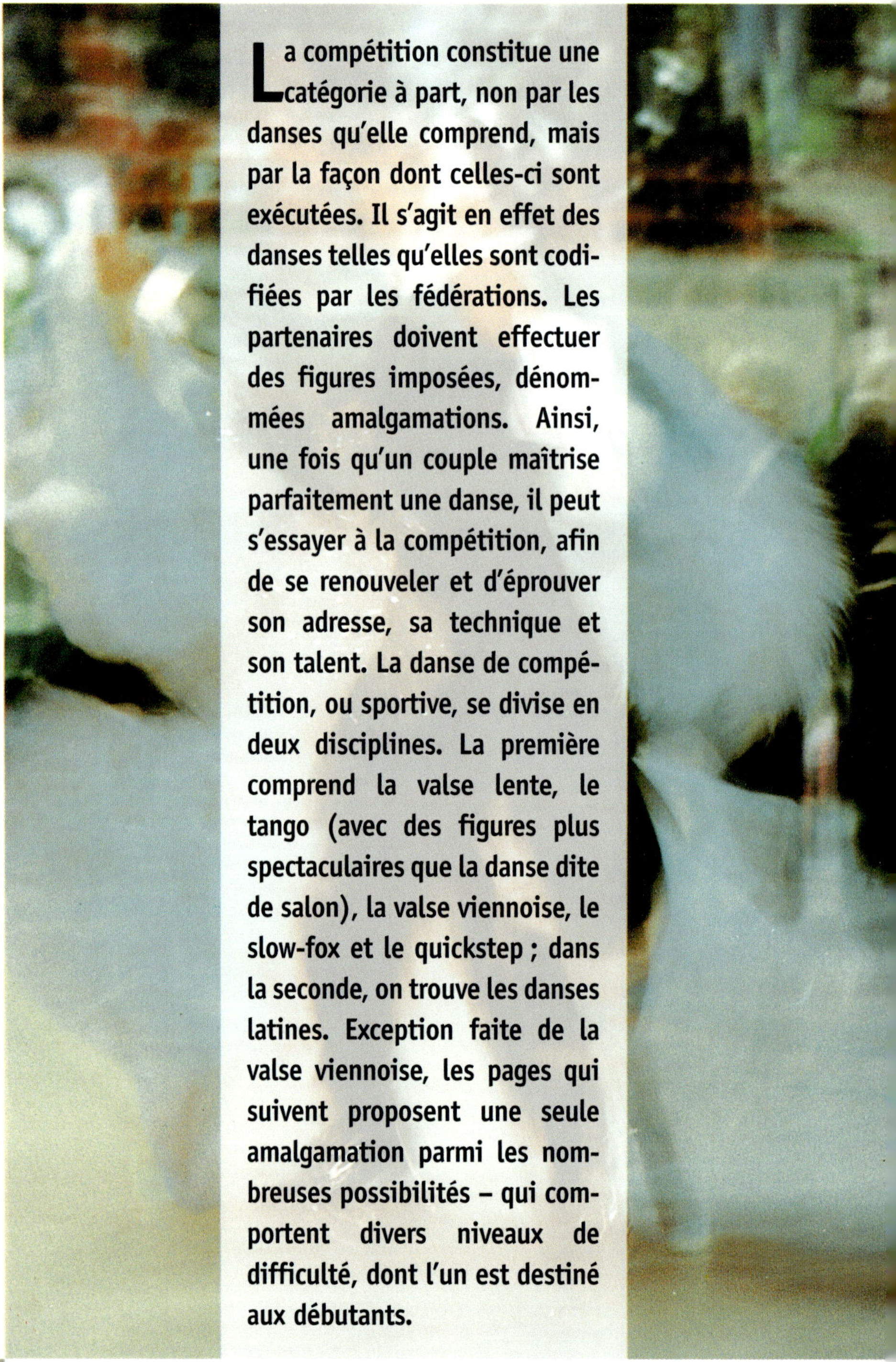

La compétition constitue une catégorie à part, non par les danses qu'elle comprend, mais par la façon dont celles-ci sont exécutées. Il s'agit en effet des danses telles qu'elles sont codifiées par les fédérations. Les partenaires doivent effectuer des figures imposées, dénommées amalgamations. Ainsi, une fois qu'un couple maîtrise parfaitement une danse, il peut s'essayer à la compétition, afin de se renouveler et d'éprouver son adresse, sa technique et son talent. La danse de compétition, ou sportive, se divise en deux disciplines. La première comprend la valse lente, le tango (avec des figures plus spectaculaires que la danse dite de salon), la valse viennoise, le slow-fox et le quickstep ; dans la seconde, on trouve les danses latines. Exception faite de la valse viennoise, les pages qui suivent proposent une seule amalgamation parmi les nombreuses possibilités – qui comportent divers niveaux de difficulté, dont l'un est destiné aux débutants.

Danses de compétition

Valse anglaise

C'est une danse très spectaculaire, bien qu'elle soit lente. Créée à la fin du siècle dernier par l'école de danse anglo-saxonne, elle a une origine incertaine ; elle est peut-être issue du boston, valse américaine que l'on appelle aussi valse hésitation, car les pas en avant et en arrière y alternent avec les voltiges. La complexité de ses figures et son raffinement en font la danse la plus représentative de la catégorie des danses sportives. Pour l'interpréter au mieux, il convient de savoir mettre en pratique toutes les techniques illustrées jusqu'ici.
En effet, pour chaque pas, il faut obtenir le mouvement contraire du corps, l'harmonie des inclinaisons, la flexion correcte des genoux, celle-ci déterminant à son tour l'abaissement et l'élévation caractéristiques de cette danse.
La valse anglaise est donc la danse clé de cette catégorie, et sa parfaite maîtrise est certainement très précieuse pour mieux apprendre non seulement la valse viennoise, mais aussi le slow-fox et le quickstep.

Valse anglaise

TOUR À DROITE FERMÉ, 4 PAS

fig. 1, 2, 3, 4.

Appuis
Cavalier. 1 talon-pointe, 2 talon-pointe, 3 pointe, 4 pointe-talon.
Dame. 1 pointe-talon, 2 pointe-talon, 3 pointe, 4 pointe-talon.

Dans la danse standard, le départ du tour à droite fermé s'effectue avec beaucoup d'ampleur. Aussi le cavalier amorce-t-il la figure du pied gauche, au lieu du droit, face à la diagonale-centre : cette position lui permet de se donner un plus grand élan. Dans la danse de salon, le compte des pas débute à 1 et avec le pied droit, tandis que dans la danse standard il commence à 6.

1

Cavalier.
Après avoir compté 4 et 5, au 6 il avance d'un pas du pied gauche, talon-pointe ; le buste est légèrement tourné à gauche de $^{1}/_{8}$.
Dame.
Du pied droit, elle fait un pas en arrière, pointe-talon.

2

Cavalier.
Il se prépare pour la rotation à droite avec un mouvement contraire du corps. Puis, avec la jambe droite, il avance d'un pas le long de la ligne de danse, fléchit le genou, et accomplit ainsi $^{1}/_{4}$ tour à droite.
Dame.
Avec le pied gauche, elle fait un pas en arrière, légèrement de côté, sur la pointe, et tourne autant que le cavalier pour lui laisser de la place.

3

4

CHANGEMENT DE RYTHME

Dans la valse anglaise, le tempo est de 3/4, avec environ 30 battements de mesure à la minute. Par rapport à la valse lente, à laquelle elle ressemble, elle est plus lente, en raison de la complexité des figures. Si elle était plus rapide, le couple aurait du mal à suivre la musique et n'aurait plus la même élégance ; la dame, en particulier, a besoin de petites pauses pour maintenir la position correcte. Donc, pour bien danser, il est utile d'acheter des enregistrements de morceaux consacrés spécifiquement à la valse anglaise pour danses standardisées. C'est la seule façon d'avoir la base musicale qui convient pour interpréter correctement cette danse.

Cavalier.
D'un mouvement ample, il déplace la jambe gauche de côté, s'abaisse sur la jambe droite, et effectue $^1/_4$ tour.
Dame.
Elle déplace le pied droit de côté et fait $^1/_3$ tour pour laisser de la place au danseur, qui la dépasse le long de la ligne de danse.

Cavalier.
Il joint lentement le pied droit au gauche et s'élève sur les pointes en faisant $^1/_8$ tour.
Dame.
A l'opposé du danseur, elle joint le pied gauche au droit et s'élève aussi sur les pointes.

POSITION
Cavalier. *Il se prépare, le poids du corps reposant sur la jambe droite, tandis que le pied gauche est de côté, en appui sur la pointe, sur le bord interne du soulier. Le buste est légèrement tourné à gauche ($^1/_8$ tour) avec un mouvement contraire du corps.*
Dame. *Elle fait peser tout le poids du corps sur la jambe gauche, tandis que le pied droit est de côté, en appui sur la pointe, sur le bord interne du soulier.*

TOUR SPIN, 3 PAS
fig. 5, 6, 7.

Appuis
Cavalier. 1 pointe-talon, 2 talon-pointe, 3 pointe-talon.
Dame. 1 talon-pointe, 2 pointe, 3 pointe-talon.

Le cavalier invite la dame à tournoyer sur elle-même dans un tour très ample.

TURNING LOCK, 3 PAS
fig. 8, 9, 10.

Appuis
Cavalier. 1 pointe, 2 pointe, 3 pointe.
Dame. 1 pointe, 2 pointe, 3 pointe.

Pour le cavalier comme pour sa partenaire, cette figure consiste à croiser momentanément les pieds.

POSITION PROMENADE, 1 PAS
fig. 11.

Appuis
Cavalier. 1 pointe-talon.
Dame. 1 talon-pointe.

C'est une transition avec la figure suivante.

5

Cavalier.
Du pied gauche, il fait un pas en arrière, sur la pointe, et effectue $1/2$ tour ; les bras et le buste se trouvent dans un mouvement contraire par rapport à la jambe gauche, qui va en arrière.
Dame.
Elle avance avec la jambe droite, genoux fléchis, et elle suit le mouvement du danseur, avec une rotation de $1/2$ tour.

6

Cavalier.
Il avance le pied droit, en appui sur le talon, puis pose la pointe du pied, et effectue alors $1/3$ tour en élévation. Avec le bras droit, il aide la dame, qui renverse la tête en arrière, tandis qu'il tourne autour.
Dame.
Elle déplace la jambe gauche de côté, d'un mouvement très ample, fait glisser le pied gauche sur le sol et s'abaisse sur la jambe droite, en effectuant $1/3$ tour.

7

Cavalier.
Il recule le pied gauche, d'un petit pas, d'abord pointe, puis talon, et fait $^1/_4$ tour.
Dame.
Du pied droit, elle avance d'un petit pas, d'abord pointe, puis talon, et tourne autant que le danseur.

8

Cavalier.
Il recule du pied droit et fait $^1/_8$ tour.
Dame.
Elle croise le pied droit derrière le gauche.

9

Cavalier.
Il place le pied gauche devant le droit et fait $^1/_8$ tour.
Dame.
Elle place le pied droit devant le gauche.

10

Cavalier.
Il recule du pied droit d'un petit pas.
Dame.
Elle avance du pied gauche d'un petit pas.

11

Cavalier.
Il avance du pied gauche d'un pas, fait face à la diagonale-centre, puis il exécute $^1/_8$ tour ; le pied droit reste talon soulevé.

Dame.
Elle avance du pied droit, et tourne autour du danseur.

AILE, 3 PAS

fig. 12, 13, 14.

Appuis
Cavalier. 1 talon-pointe, 2 tout le pied, 3 tout le pied.
Dame. 1 talon-pointe, 2 pointe, 3 pointe-talon.

Cette figure très spectaculaire exige une grande habileté. La dame se promène devant le cavalier, en se pavanant, pour mettre en valeur sa beauté.

TELEMARK, 3 PAS

fig. 15, 16, 17.

Appuis
Cavalier. 1 talon-pointe, 2 pointe, 3 pointe-talon.
Dame. 1 pointe-talon, 2 talon-pointe, 3 pointe-talon.

Si, dans la figure précédente, la dame se pavane devant le cavalier, cette fois c'est lui qui tourne autour d'elle pour se mettre en valeur à son tour.

12

Cavalier.
Du pied droit, il avance d'un pas et fait face à la diagonale-centre de la salle, avec un mouvement contraire du corps.
Dame.
Elle fait un pas en avant avec le pied gauche.

13

Cavalier.
Son buste fait $^{1}/_{4}$ tour à gauche, en maintenant la position de l'épaule, sans lever le bras gauche ; la main doit rester à la hauteur des yeux.
Dame.
Elle déplace de côté le pied droit, d'un petit pas, et tourne le buste à gauche.

14

Cavalier.
Il joint le pied gauche au droit et fait encore $^{1}/_{8}$ tour.
Dame.
Elle avance d'un pas en dehors de son partenaire, du pied gauche, avec un mouvement contraire du corps.

15

Cavalier.
Il avance d'un pas du pied gauche, face à la diagonale-centre, et amorce une rotation à gauche.
Dame.
Elle recule du pied droit et amorce aussi une rotation à gauche.

16

Cavalier.
Il déplace de côté le pied droit et effectue un peu moins de $^{1}/_{3}$ tour.
Dame.
Elle joint le pied gauche au droit et fait $^{1}/_{3}$ tour.

17

Cavalier.
Il porte le pied gauche en avant et effectue à gauche $^{1}/_{4}$ tour.
Dame.
Elle déplace le pied droit de côté, en position promenade légèrement en arrière, et fait $^{1}/_{4}$ tour autour de lui. Les danseurs se trouvent face à la diagonale-centre, le regard tourné vers la main gauche pour le cavalier et vers la droite pour la dame.

LA TENUE DE LA DAME

Pour les compétitions, la dame porte toujours une robe sophistiquée : corsage ajusté, taille serrée, jupe ample mais pas longue, pour ne pas recouvrir les pieds. La robe peut être ornée de broderies et de paillettes, mais aussi de plumes d'autruche sur la bordure de la jupe, et de drapés, de façon à souligner la féminité et la grâce du mouvement. Les couleurs sont soit vives, avec prédominance du rouge, soit dans des tons pastel. Souvent, la tenue est complétée par des gants longs, dans le ton de la robe.

CHASSÉ DE PROMENADE, 4 PAS
fig. 18, 19, 20, 21.

Appuis
Cavalier. 1 talon-pointe, 2 pointe, 3 pointe, 4 pointe-talon.
Dame. 1 talon-pointe, 2 pointe, 3 pointe, 4 pointe-talon.

C'est la promenade des amoureux, où le cavalier fait à la dame une cour sensuelle et romantique.

TOUR À DROITE, 3 PAS
fig. 22, 23, 24.

Appuis
Cavalier. 1 talon-pointe, 2 pointe, 3 pointe-talon.
Dame. 1 pointe-talon, 2 pointe, 3 pointe-talon.

Cette figure ouvre et ferme l'amalgamation. Après la promenade romantique, le chassé de promenade, le cavalier continue, avec ce tour à droite, à faire la cour à la dame.

18

Cavalier.
Il avance le pied droit le long de la ligne de danse et le place devant le gauche.
Dame.
Elle avance le pied gauche d'un pas et le place devant le droit.

19

Cavalier.
Il fait un pas de côté du pied gauche.
Dame.
Elle amène le pied droit de côté.

UN FRAC POUR LE DANSEUR

Lors d'une fête ou dans un dancing, on peut s'habiller comme à l'ordinaire. Mais quand on participe à une compétition, cavalier et dame sont tenus de respecter les règles et de revêtir la tenue de circonstance. Pour le cavalier, le frac est de rigueur. Il s'agit du classique habit de cérémonie, en tissu noir, avec une veste courte coupée devant à la taille et prolongée à l'arrière par deux longues basques. Le frac de danse, par rapport au frac traditionnel, a une coupe spéciale aux épaules tombantes, de façon que l'habit ne fasse pas de plis inesthétiques quand le cavalier danse. La chemise est blanche, le plastron et le col sont empesés. Le nœud papillon est également blanc.

20

Cavalier.
Il joint le pied droit au gauche et fait $^1/_8$ tour.
Dame.
Elle joint les pieds.

21

Cavalier.
Il déplace le pied gauche de côté, légèrement en avant.
Dame.
Elle amène le pied droit de côté, légèrement en arrière.

22

Cavalier.
Il s'apprête à effectuer la rotation à droite avec un mouvement contraire du corps. Puis, du pied droit, il avance d'un pas le long de la diagonale-mur, fléchit les genoux et effectue ainsi $^1/_8$ tour à droite.
Dame.
Avec le pied gauche, elle fait un pas en arrière, un peu de côté, sur la pointe, et tourne autant que le cavalier pour lui laisser de la place.

23

Cavalier.
D'un mouvement ample, il déplace la jambe gauche de côté, s'abaisse sur la jambe droite, et effectue $^1/_4$ tour.
Dame.
Elle déplace de côté le pied droit et fait $^1/_3$ tour pour laisser de la place au cavalier, qui la dépasse le long de la ligne de danse.

24

Cavalier.
Il joint lentement le pied droit au gauche et effectue $^1/_8$ tour.

Dame.
Elle joint le pied gauche au droit. Tous deux sont sur les pointes.

Tango

Le tango est une danse singulière, non seulement par sa forte charge passionnelle et érotique, qui en fait une danse unique, mais aussi parce que, par rapport à d'autres danses standard, il est construit sur des techniques d'exécution particulières. Aussi l'expérience que les danseurs pourraient avoir de la valse ou du quickstep, par exemple, leur est-elle d'un très faible secours. Théoriquement, un couple peut apprendre seul le tango, et le danser à la perfection, sans avoir besoin de connaître les autres danses. Mais la version standardisée, par rapport à la danse de salon, est beaucoup plus complexe et spectaculaire. D'une façon générale, les figures sont plus compliquées, plus élaborées et exigent une interprétation théâtrale plus grande. Ce qui signifie qu'il faut des capacités telles que rapidité d'exécution, brusques mouvements de tête, torsions très accentuées, non seulement de la part de la danseuse, mais aussi du cavalier. L'amalgamation que nous proposons dans ces pages présente un petit échantillon de ces spécificités.

Tango

LINK, 2 PAS

fig. 1, 2.
Base rythmique : 1 lent, 2 rapide.

Appuis
Cavalier. 1 talon-pointe, 2 tout le pied.
Dame. 1 pointe-talon, 2 tout le pied.

Le cavalier exécute ces deux pas avec assurance et passion. Quand il change de direction, il marque une sorte de pause : avançant le long de la ligne de danse, il s'arrête pour évoluer face à la diagonale-mur.

PROMENADE OUVERTE, 4 PAS

fig. 3, 4, 5, 6.
Base rythmique : 1 lent, 2 rapide, 3 rapide, 4 lent.

Appuis
Cavalier. 1 talon, 2 talon, 3 talon, 4 talon.
Dame. 1 talon, 2 talon, 3 pointe-talon, 4 pointe-talon.

C'est la promenade du couple qui « se dispute » avec une intensité variant selon la musique.

1

Cavalier.
Il avance le pied gauche, talon-pointe, avec un mouvement contraire du corps, et effectue $^1/_8$ tour à gauche.
Dame.
Elle recule du pied droit, pointe-talon, et accomplit $^1/_8$ tour.

2

Cavalier.
D'un mouvement saccadé, il déplace latéralement le pied droit, portant le poids du corps dessus, tourne la tête face à la diagonale-mur et reste le pied gauche en appui sur le bord interne de la pointe.
Dame.
Elle déplace latéralement le pied gauche en faisant reposer le poids du corps dessus ; son pied droit reste en appui sur le bord interne de la pointe ; elle aussi tourne avec un mouvement saccadé la tête à droite.

3

Cavalier.
Il déplace de côté le pied gauche, en appui sur le talon, et regarde en direction de la diagonale-mur.
Dame.
Elle déplace de côté le pied droit, en appui sur le talon, et regarde aussi en direction de la diagonale-mur.

4

Cavalier.
Il croise le talon du pied droit devant le pied gauche, dans un mouvement contraire du corps.
Dame.
Elle croise le talon du pied gauche devant le pied droit, dans un mouvement contraire du corps. Comme le danseur, elle regarde en direction de la diagonale-mur.

5

Cavalier.
Du pied gauche, sur le talon, il fait un pas de côté, légèrement en avant.
Dame.
Elle déplace le pied droit de côté, pointe-talon, en position très légèrement arrière ; elle tourne la tête et le buste à gauche, en position opposée au cavalier.

6

Cavalier.
Du pied droit, il fait un pas en avant sur le talon, en dehors de sa partenaire, et, avec les épaules, prend la position du mouvement contraire du corps.
Dame.
Elle recule le pied gauche, pointe-talon, avec un mouvement contraire du corps.

LES CHAUSSURES DU DANSEUR

Elles sont légères, en cuir ou vernies et noires. Au cours des entraînements, on peut utiliser des modèles ouverts pour éviter d'avoir trop chaud. Pour les compétitions, on privilégie l'esthétique en choisissant des chaussures vernies. Le talon a en moyenne 2,5 cm de haut, mais peut atteindre 4 centimètres afin de grandir un peu le cavalier.

TOUR À GAUCHE OUVERT, 3 PAS

fig. 7, 8, 9.
Base rythmique : 1 rapide, 2 rapide, 3 lent.

Appuis
Cavalier. 1 talon-pointe, 2 pointe-talon, 3 pointe-talon.
Dame. 1 pointe-talon, 2 pointe-talon, 3 talon-pointe.

Cette figure consiste à laisser passer la dame à l'extérieur du cavalier.

OUTSIDE SWIVEL, 1 PAS

fig. 10.
Base rythmique : 1 lent.

Appuis
Cavalier. 1 pointe-talon.
Dame. 1 talon-pointe.

Avec ce pas décidé, la dame change complètement la direction de la danse.

PROMENADE LINK, 2 PAS

fig. 11, 12.
Base rythmique : 1 lent, 2 rapide.

Appuis
Cavalier. 1 talon-pointe, 2 pointe.
Dame. 1 talon-pointe, 2 pointe.

La dame cherche à attirer à nouveau l'attention de son cavalier.

7

Cavalier.
Il porte en avant le pied gauche, talon-pointe, le long de la ligne de danse. Le corps fait $^{1}/_{8}$ tour à gauche, puis le cavalier se trouve en mouvement contraire du corps.
Dame.
Elle recule du pied droit, pointe-talon, effectue $^{1}/_{8}$ tour pour se trouver, elle aussi, en mouvement contraire du corps.

8

Cavalier.
Il pose le pied sur le côté, pointe-talon, continuant à tourner de $^{1}/_{4}$ tour à gauche.
Dame.
Elle pose sur le côté le pied gauche, pointe-talon ; le pas doit être plus court que celui du danseur, pour faciliter son passage.

9

Cavalier.
Il recule du pied gauche, pointe-talon, en faisant $^1/_8$ tour ; par rapport au pas, le corps doit tourner un peu moins, pour que le cavalier se trouve en mouvement contraire du corps.
Dame.
Elle fait un petit pas en avant, talon-pointe, du pied droit, en restant à l'extérieur de son partenaire, mais sans perdre contact avec son corps.

10

Cavalier.
Il s'immobilise après le dernier pas exécuté dans la figure précédente, le tour à gauche ouvert.
Dame.
Après le pas en avant effectué du pied droit lors du précédent tour à gauche ouvert, elle tourne la tête et le buste d'un mouvement rapide, et reste à côté de son cavalier. Tous deux regardent dans la même direction, vers la main gauche du cavalier.

11

Cavalier.
Il avance du pied droit, talon-pointe.
Dame.
Elle fait un pas en avant du pied gauche, talon-pointe.

12

Cavalier.
Il rapproche le pied gauche du droit.
Dame.
Elle fait $^1/_3$ tour à gauche sur le pied gauche et, à la fin du mouvement, rapproche le pied droit du gauche.

LENTEUR ET VITESSE

Cette alternance de temps lents et rapides donne au tango toute sa spécificité. Dans les tempos longs, il est particulièrement important pour le cavalier de faire traîner le talon sur le sol, pour que le pas dure pendant toute la mesure musicale. Dans le jargon de la danse, cela s'appelle « remplir la musique ».
Pour exécuter les tempos rapides, le cavalier doit effectuer extrêmement rapidement les changements de poids du corps, pour être toujours prêt à enchaîner le pas suivant, sans jamais être en retard sur la musique.

TOUR À GAUCHE OUVERT, 6 PAS

fig. 13, 14, 15, 16, 17, 18.
Base rythmique : 1 rapide, 2 rapide, 3 lent, 4 rapide, 5 rapide, 6 lent.

Appuis

Cavalier. 1 talon-pointe, 2 pointe-talon, 3 pointe-talon, 4 pointe-talon, 5 pointe-talon, 6 talon-pointe.
Dame. 1 pointe-talon, 2 pointe-talon, 3 talon-pointe, 4 talon-pointe, 5 pointe-talon, 6 pointe-talon.

Cette figure est exécutée avec assurance et de façon saccadée. On peut l'interpréter comme une nouvelle tergiversation du couple, lui cherchant à fuir tandis que, ne se tenant pas pour vaincue, la dame tente de le retenir.

13

Cavalier.
Il avance avec le pied gauche, talon-pointe, en direction de la diagonale-centre, et effectue une rotation de $^1/_8$ tour à gauche, avec un mouvement contraire du corps.
Dame.
Elle recule avec le pied droit, pointe-talon, effectue une rotation de $^1/_8$ tour et se trouve alors elle aussi en mouvement contraire du corps.

14

Cavalier.
Il allonge la jambe droite latéralement, en continuant à effectuer $^1/_8$ tour à gauche.
Dame.
Elle déplace latéralement le pied gauche, pointe-talon ; le pas est plus court que celui du danseur, afin de faciliter son passage.

La dame a les doigts de la main gauche tournés vers le bas, et son pouce est tendu. Le cavalier fait de même avec la main droite, pour bien guider sa partenaire.

15

Cavalier.
Il recule avec le pied gauche, pointe-talon, en effectuant $^1/_8$ tour.
Dame.
Elle fait un petit pas en avant, talon-pointe, avec le pied droit, en restant à l'extérieur de son partenaire, mais sans perdre contact avec son corps.

16

Cavalier.
Il recule en faisant un long pas, pointe-talon, du pied droit.
Dame.
Elle avance du pied gauche, d'abord sur le talon, ensuite sur la pointe.

17

Cavalier.
Il amène de côté le pied gauche, pointe-talon, et effectue $^1/_4$ tour.
Dame.
Elle accomplit le même mouvement, en amenant latéralement le pied droit, mais sans dépasser celui du cavalier, qui se prépare à se placer à l'extérieur de sa partenaire.

18

Cavalier.
Il amène en avant le pied droit, talon-pointe, avec un petit pas, fait $^1/_8$ tour et reste à l'extérieur de sa partenaire.
Dame.
Elle recule, pointe-talon, avec le pied gauche, en faisant $^1/_8$ tour.

L'INTERPRÉTATION

Le tempo musical est de 2/4, avec une cadence de 30-32 battements de mesure à la minute. Les danseurs interprètent le tango avec plus ou moins d'intensité selon la musique. Dans la catégorie standard, il faut choisir des morceaux de musique avec un tempo très rythmé, de façon à conférer une expression passionnelle plus forte à chaque figure de l'amalgamation.

LINK, 2 PAS

fig. 19, 20.
Base rythmique : 1 lent, 2 rapide.

Appuis
Cavalier. 1 talon-pointe, 2 tout le pied.
Dame. 1 pointe-talon, 2 tout le pied.

Cette figure, que nous avons déjà étudiée au début de l'amalgamation, est très fréquente dans le tango. Ce sont seulement deux pas que le cavalier exécute avec assurance et passion.

PROMENADE FERMÉE, 4 PAS

fig. 21, 22, 23, 24.
Base rythmique : 1 lent, 2 rapide, 3 rapide, 4 lent.

Appuis
Cavalier. 1 talon-pointe, 2 talon-pointe, 3 pointe-talon, 4 tout le pied.
Dame. 1 talon-pointe, 2 talon-pointe, 3 pointe-talon, 4 tout le pied.
C'est la figure la plus caractéristique du tango. Le cavalier et sa partenaire avancent dans la même direction, le regard fixe, et les hanches se frôlent.

19

Cavalier.
Il avance du pied gauche, talon-pointe, avec un léger mouvement contraire du corps.
Dame.
Elle recule du pied droit, pointe-talon, avec un mouvement contraire du corps.

20

Cavalier.
Brusquement, il déplace de côté le pied droit, en faisant reposer le poids du corps dessus, effectue $^1/_8$ tour à droite, tourne la tête face à la diagonale-mur, tandis que le pied gauche reste en appui sur le bord interne.
Dame.
Elle déplace de côté le pied gauche et fait $^1/_4$ tour, le pied droit en appui sur la pointe, sur le bord interne du pied. Tous deux ont le visage tourné vers la main gauche du cavalier.

21

Cavalier.
Il avance le pied gauche, talon-pointe, en direction de sa main gauche.
Dame.
Elle avance le pied droit, talon-pointe, dans la direction de sa main droite. Les danseurs ont le visage tourné dans la direction où ils évoluent.

22

Cavalier.
Il avance le pied droit, talon-pointe, d'un pas naturel et rapide, et porte le poids du corps dessus.
Dame.
Elle avance avec le pied gauche, effleurant le sol d'abord avec la pointe, puis pose le talon. En exécutant le pas, les hanches des deux danseurs se frôlent.

23

Cavalier.
D'un mouvement saccadé et rapide, il pose la jambe gauche de côté, le visage toujours tourné à gauche.
Dame.
Brusquement, elle fait un pas de côté avec la jambe droite et, d'un mouvement rapide, tourne la tête à gauche.

24

Cavalier.
D'un mouvement lent, il joint le pied droit au gauche.
Dame.
D'un mouvement lent, elle joint le pied gauche au droit, comme son partenaire.

Dans la promenade, le cavalier est en appui d'abord sur le talon, puis sur la pointe pour pouvoir effectuer un long pas en avant du pied gauche.

Slow-fox

C'est la danse lente par excellence, celle que préfèrent souvent les amoureux. Le slow-fox, comme son nom l'indique, est la version lente du fox-trot. Née aux États-Unis dans le courant des années 20, cette danse a connu une très grande popularité dans les années 40.
De nombreux musiciens et interprètes, tels que Frank Sinatra, Nat King Cole, Glenn Miller ou les Platters, doivent une large part de leur succès au slox-fox. Certains de leurs titres sont aujourd'hui des grands classiques, qui ont fait le tour du monde : Blue Moon, Moonlight Serenade, Night and Day, Unforgettable, Stardust, Smoke Gets in Your Eyes, Georgia on My Mind, pour n'en citer que quelques-uns parmi les plus célèbres. Le slow fox est à présent devenu quasi incontournable, et rares sont de nos jours les compositeurs et les interprètes qui ne lui ménagent pas une place plus ou moins importante au sein de leur répertoire, assurés qu'ils sont d'un certain succès.

Slow-fox

DÉPART, 1 PAS

fig. 1.
Base rythmique : 1 lent.

Appuis
Cavalier. 1 talon-pointe.
Dame. 1 pointe-talon.

Le cavalier part face à la diagonale-centre ; il exécute le premier pas du pied gauche, au quatrième temps de la musique. Le slow-fox se caractérise par des pas longs et glissés.

PAS PLUME, 3 PAS

fig. 2, 3, 4.
Base rythmique : 1 lent, 2 rapide, 3 rapide.

Appuis
Cavalier. 1 talon-pointe, 2 pointe, 3 pointe-talon.
Dame. 1 pointe-talon, 2 pointe, 3 pointe-talon.

Le cavalier commence du pied droit au premier battement de mesure. Aux deuxième et troisième pas, il se porte à l'extérieur de la dame. Au troisième pas, il maintient le talon appuyé sur le sol avec un mouvement glissé.

1

Cavalier.
Après avoir compté 1, 2, 3 sur la musique, il fait à 4 un pas en avant, du pied gauche, talon-pointe ; le buste est alors tourné à gauche.
Dame.
Avec la jambe droite, elle fait un pas en arrière, pointe-talon.

2

Cavalier.
Il fait un pas ample en avant, du pied droit, talon-pointe, en direction de la diagonale-centre, d'un mouvement lent ; les jambes sont fléchies pour mieux glisser les pieds sur le sol.
Dame.
Du pied gauche, elle recule d'un long pas, pointe-talon.

3

Cavalier.
Il avance d'un pas naturel sur la pointe du pied gauche, toujours dans la même direction.

Dame.
Elle recule le pied droit sur la pointe et tourne le buste très légèrement à droite, pour favoriser l'avancée du cavalier.

4

Cavalier.
Il fait un pas en avant, du pied droit, pointe-talon, à l'extérieur de la dame, avec un mouvement contraire du corps accentué.

Dame.
Elle amène le pied gauche en arrière, pointe-talon, toujours le long de la ligne de danse.

L'ÉQUILIBRE DE L'ÉNERGIE

Entre un homme et une femme qui ont l'habitude de danser ensemble s'instaure en principe une entente qui leur permet de mieux danser, avec plus d'élégance et d'harmonie. Le couple adopte alors plus facilement les attitudes correctes, même quand les rôles de guide sont inversés. Ainsi, par exemple, dans la valse lente, le rôle de protagoniste est confié tantôt au cavalier, tantôt à sa partenaire. Dans la mazurka, c'est la femme qui mène, l'homme l'accompagnant, ce qui est inhabituel. Mais, pour parvenir à l'entente idéale, les partenaires doivent doser leur énergie. En effet, au sein du couple, il n'est pas rare que l'un des deux, généralement l'homme, dépense une énergie excessive, ce qui peut nuire considérablement à l'harmonie et rompre l'équilibre. La solution, cela va de soi, consiste à se modérer. Autrement dit, celui qui dépense le plus d'énergie doit se contenir un peu, de manière à ne pas éclipser le ou la partenaire.

TOUR À GAUCHE FERMÉ, 6 PAS

fig. 5, 6, 7, 8, 9, 10.
Base rythmique : 1 lent, 2 rapide, 3 rapide, 4 lent, 5 rapide, 6 rapide.

Appuis

Cavalier. 1 talon-pointe, 2 pointe, 3 pointe-talon, 4 pointe-talon, 5 pointe, 6 pointe-talon.
Dame. 1 pointe-talon, 2 talon-pointe, 3 pointe-talon, 4 talon-pointe, 5 pointe, 6 pointe-talon.

Le tour à gauche se déroule le long de la ligne de danse. Le pas se décompose en deux temps : dans la première partie, le danseur effectue $^{1}/_{2}$ tour, dans la seconde $^{1}/_{3}$, pour se retrouver enfin face à la diagonale-mur.

5

Cavalier.
Avec un mouvement contraire du corps, il avance, talon-pointe, du pied gauche, en direction de la diagonale-centre.
Dame.
Elle recule du pied droit, pointe-talon, et effectue $^{1}/_{8}$ tour à gauche.

6

Cavalier.
Il pose la pointe du pied droit sur le côté, fait $^{1}/_{3}$ tour autour de sa partenaire pour se trouver dos à la ligne de danse.
Dame.
Elle suit le mouvement du danseur, en appui sur les talons, puis pose les pointes de pied.

Les danseurs doivent toujours maintenir la tête haute et sourire, sans montrer de signe de fatigue.

7

Cavalier.
Il recule le pied gauche, pointe-talon.
Dame.
Elle avance le pied droit, pointe-talon, entre les pieds de son partenaire.

8

Cavalier.
Il recule le pied droit, pointe-talon.
Dame.
Elle avance le pied gauche, pointe-talon.

9

Cavalier.
Il pose la pointe du pied gauche sur le côté et fait $^1/_2$ tour pour se trouver face à la diagonale-mur.
Dame.
Elle pose la pointe du pied droit sur le côté, devant le pied gauche du cavalier, et tourne autant que lui.

10

Cavalier.
Avec un mouvement contraire du corps, il avance le pied droit, sur la pointe, face à la diagonale-mur. Il place le pied droit devant le gauche, puis s'apprête à faire $^1/_8$ tour.
Dame.
Elle déplace le pied gauche derrière le droit, avec un mouvement contraire du corps.

UNE ENTRÉE NOBLE

Comme nous l'avons vu, il y a deux façons d'entrer en piste. Lors de compétitions ou de grandes soirées, on choisit la plus spectaculaire, de tradition anglaise : la dame avance, sa main gauche reposant sur celle que lui offre le cavalier, la droite tendue comme dans l'attente d'un baise-main. Cette position a, en effet, son origine dans une attitude adoptée autrefois par les dames nobles. Lorsqu'elles se montraient en public, elles tendaient ainsi la main droite pour que leurs sujets puissent la baiser. Ce geste de dévotion n'est bien évidemment plus de mise aujourd'hui.

ONDE RENVERSÉE, 4 PAS

fig. 11, 12, 13, 14.
Base rythmique : 1 lent, 2 rapide, 3 rapide, 4 lent.

Appuis
Cavalier. 1 talon-pointe, 2 pointe, 3 pointe-talon, 4 pointe-talon.
Dame. 1 pointe-talon, 2 talon-pointe, 3 pointe-talon, 4 talon-pointe.

Cette figure est semblable à un tour à gauche. Le cavalier, en effet, tourne à gauche autour de la dame, qui, à son tour, tourne sur elle-même d'un demi-tour, en pivotant sur le talon droit. Pour produire l'effet d'« onde », le danseur recule, s'arrête et change brusquement de direction.

11

Cavalier.
Il amène le pied gauche en avant, talon-pointe, le long de la ligne de danse, et tourne le buste de $^{1}/_{8}$ tour à gauche.
Dame.
Elle recule le pied droit, pointe-talon, et amorce une rotation à gauche.

12

Cavalier.
Il pose la pointe du pied droit sur le côté, effectue $^{1}/_{8}$ tour à gauche et se retrouve face au centre de la salle.
Dame.
Elle joint le pied gauche au droit et effectue sur les talons $^{1}/_{4}$ tour.

Quand elle avance, la dame doit avoir les genoux fléchis et souples, et le poids du corps en avant pour dépasser le cavalier.

13

Cavalier.
Il recule avec le pied gauche, pointe-talon.

Dame.
Elle avance le pied droit, pointe-talon, face au mur.

14

Cavalier.
Il pose le pied droit en arrière et fait $^1/_8$ tour à gauche, pointe-talon.

Dame.
Elle fait un pas en avant, du pied gauche, talon-pointe, et effectue $^1/_8$ tour à gauche, en direction de la diagonale-mur.

Dans l'exécution des figures, la main gauche du cavalier est toujours à hauteur des yeux, et le coude ne doit pas être trop haut.

LES CHAUSSURES DE LA DAME

Il en existe deux modèles : les classiques chaussures échancrées, d'où leur nom de « décolleté », avec un élastique le long du bord, et les sandales à pointe ouverte et bride à la cheville. Pour l'entraînement, les chaussures peuvent être blanches ou noires, en cuir souple. En revanche, pendant les démonstrations, elles sont en cuir doré ou en satin de la couleur de la robe. La hauteur des talons varie de 4 à 6 centimètres pour les décolletés, allant jusqu'à 7 centimètres pour les sandales. Les souliers de danse, pour le cavalier comme pour la dame, comportent une semelle en peau de chamois non glissante, que l'on frotte périodiquement avec une brosse métallique pour les nettoyer.

WEAVE DE BASE, 6 PAS

fig. 15, 16, 17, 18, 19, 20.
Base rythmique : 1 rapide, 2 rapide, 3 rapide, 4 rapide, 5 rapide, 6 rapide.

Appuis

Cavalier. 1 talon-pointe, 2 pointe, 3 pointe, 4 pointe, 5 pointe, 6 pointe-talon.
Dame. 1 pointe-talon, 2 pointe, 3 pointe, 4 pointe, 5 pointe, 6 pointe-talon.

Cette figure est un tour à gauche ouvert, où les danseurs se trouvent à la fin côte à côte, les pieds croisés, avec un mouvement contraire du corps.

15

Cavalier.
Il avance le pied gauche, talon-pointe, avec une légère rotation du buste à gauche.
Dame.
Elle recule d'un pas, du pied droit, d'abord la pointe, puis le talon.

16

Cavalier.
Il avance la pointe du pied droit vers le centre de la salle.
Dame.
Elle déplace la pointe du pied gauche vers le centre de la salle.

Le visage de la dame exprime à la fois douceur et sensualité, en particulier dans le slow-fox, qui est une danse romantique.

17

Cavalier.
Il fait un pas en arrière, sur la pointe du pied gauche, se trouve dans un mouvement contraire du corps et effectue $^1/_8$ tour.
Dame.
Elle avance le pied droit, sur la pointe, en dehors de son partenaire, avec un mouvement contraire du corps.

18

Cavalier.
Il déplace le pied droit en arrière, sur la pointe.
Dame.
Elle fait un pas en avant, sur la pointe, du pied gauche, et tourne le buste de $^1/_8$ tour à gauche.

19

Cavalier.
Il pose la pointe du pied gauche sur le côté et effectue $^1/_4$ tour à gauche.
Dame.
Elle fait un pas de côté, sur la pointe du pied droit, et effectue $^1/_4$ tour à gauche, pour se retrouver face au danseur.

20

Cavalier.
Il pose le pied droit devant le gauche, pointe-talon, et tourne le buste.
Dame.
Elle pose le pied droit devant le gauche, pointe-talon, et tourne le buste. Tous deux sont en mouvement contraire du corps.

SLOW-FOX, UN RYTHME LENT : MOINS DE 30 BATTEMENTS DE MESURE PAR MINUTE

Dans le choix des morceaux de musique, il est conseillé aux débutants de privilégier ceux qui sont célèbres. En effet, la musique étant déjà connue, l'exécution des figures s'en trouve facilitée. Car celui qui a peu d'« oreille » musicale a généralement des difficultés à danser le slow-fox, dans la mesure où il a tendance à presser le pas.

SWIVEL, 1 PAS

fig. 21.
Base rythmique : 1 lent.

Appuis
Cavalier. 1 pointe-talon.
Dame. 1 talon-pointe.

Avec ce pas très décidé, la dame change complètement la direction de la danse et contraint le cavalier à reculer et à lâcher prise.

21

Cavalier.
Il transfère le poids du corps sur le pied gauche et cède la place à la danseuse.

Dame.
Elle transfère le poids du corps sur le pied droit, en effectuant $^1/_2$ tour à droite.

PAS PLUME, 3 PAS

fig. 22, 23, 24.
Base rythmique : 1 lent, 2 rapide, 3 rapide.

Appuis
Cavalier. 1 talon-pointe, 2 pointe, 3 pointe-talon.
Dame. 1 talon-pointe, 2 pointe, 3 pointe-talon.

Cette figure, que nous avons déjà vue au début de cette amalgamation, est composée d'un pas lent et de deux rapides. Mais, ici, l'exécution est un peu plus difficile, parce que les danseurs sont côte à côte et que la prise du cavalier est plus ouverte.

Quand les danseurs avancent dans la même direction, ils doivent garder les jambes souples, légèrement fléchies, pour avoir plus d'élan.

22

Cavalier.
Il fait un ample pas en avant avec le pied droit, talon-pointe, en direction de la diagonale-mur, dans un mouvement lent ; les jambes sont fléchies pour mieux faire glisser les pieds sur le sol.
Dame.
Du pied gauche, elle fait un long pas en avant, talon-pointe.

23

Cavalier.
Il avance sur la pointe du pied gauche, d'un pas naturel.
Dame.
Elle déplace latéralement la pointe du pied droit et tourne le buste de $^{1}/_{4}$ tour à gauche.

24

Cavalier.
Il amène le pied droit devant le gauche, pointe-talon.

Dame.
Elle pose le pied gauche derrière le droit, pointe-talon.
Tous deux sont en mouvement contraire du corps.

L'ENTRAÎNEMENT

Comme toutes les disciplines physiques, la danse exige un entraînement constant. Le programme idéal se divise en deux parties distinctes. Dans la première, consacrée à la technique d'exécution des différentes figures, on répète plusieurs fois chaque passage. Chaque figure est abordée avec une précision méticuleuse. En effet, il faut répéter inlassablement les appuis, les mouvements contraires du corps, les abaissements et les élévations pour acquérir spontanéité et grâce des mouvements. La seconde partie de l'entraînement porte sur la respiration et la résistance physique. La technique de respiration est la suivante : en exécutant les pas longs et les abaissements, il faut expirer profondément, tandis que dans les élévations il faut au contraire inspirer. Tout cela doit finir par se faire très naturellement.

CHANGEMENT DE DIRECTION, 3 PAS

fig. 25, 26, 27.
Base rythmique : 1 lent, 2 lent, 3 lent.

Appuis
Cavalier. 1 talon, 2 pointe-talon, 3 pointe.
Dame. 1 talon-pointe, 2 pointe, 3 pointe.

Les danseurs sont côte à côte, le long de la diagonale-mur. Avec ces trois pas, le cavalier tourne à gauche autour de sa partenaire et se porte face à la diagonale-centre.

25

Cavalier.
Il avance le pied gauche, sur le talon, face à la diagonale-mur, et amorce $^{1}/_{8}$ tour à gauche.
Dame.
Elle recule du pied droit, talon-pointe, et effectue aussi $^{1}/_{4}$ tour à gauche.

26

Cavalier.
Il déplace latéralement le pied droit, pointe-talon, et effectue $^{1}/_{4}$ tour à gauche.
Dame.
Elle pose la pointe du pied gauche sur le côté et effectue $^{1}/_{4}$ tour à gauche.

Au terme de cette figure, le cavalier repart du pied gauche et répète le programme autant de fois qu'il le souhaite.

27

Cavalier.
Il rapproche le pied gauche du droit, sur la pointe, et continue à faire $^{1}/_{8}$ tour à gauche.

Dame.
Elle rapproche le pied droit du gauche, sur la pointe, et achève sa rotation. A ce moment-là, l'amalgamation reprend depuis le début.

Le déplacement latéral du pied et la rotation du corps doivent être exactement synchronisés.

LA COMPÉTITION

Les épreuves se déroulent par tranches d'âge, qui sont au nombre de cinq : minimes (jusqu'à 12 ans), cadets (de 13 à 15 ans), juniors (de 16 à 19 ans), adultes (de 20 à 33 ans), seniors (34 ans et plus). En outre, il existe des catégories de valeur, selon les résultats obtenus et l'expérience du couple. Elles varient de la cinquième série (les débutants) à la première (les plus avancés). Les couples doivent obligatoirement être composés d'un homme et d'une femme, à l'exception des catégories minimes et cadets, où deux filles sont autorisées à danser ensemble.
Le nombre de couples inscrits influe sur le nombre de tours éliminatoires : selon les cas, la compétition peut démarrer en seizième ou en quart de finale. Le jury est composé de sept personnes, qui doivent noter la musicalité, la présentation, la technique, la qualité artistique et l'interprétation musicale du couple. Les danseurs ne connaissent pas la musique à l'avance, et six couples au moins évoluent en même temps sur la piste. La durée des danses est comprise entre 1 minute 15 et 2 minutes, sauf pour le championnat de France, où la durée maximale n'excède pas 1 minute 30.

Quickstep

C'est sûrement la plus vive des danses modernes, puisque c'est la version rapide du fox-trot. Apparue, comme le slow-fox dans les années 20, elle dérive du one-step, genre qui s'est développé dans le sillage du ragtime et que l'on a appelé ainsi car il y a un pas par mesure. Le ragtime est quant à lui un genre purement musical, auquel ne correspond aucune danse en particulier et qui se situe à mi-chemin du blues et du jazz. Le quickstep est une danse gaie et très dynamique. Sa musique entraînante implique des pas élaborés, construits sur des petits sauts et des croisements de pieds, empreints de légèreté, un peu comme si le couple cherchait à se détacher du sol. Le quickstep peut être défini comme un savant jeu de jambes, où les danseurs alternent des séries de pas frénétiques, des arrêts subits, avec des temps de pause où la tête scande le rythme musical. Le tempo de la musique est assez rapide et exige une parfaite maîtrise des figures. Les déplacements sont d'une grande fluidité.

Quickstep

TOUR À DROITE FERMÉ, 4 PAS

fig. 1, 2, 3, 4.
Base rythmique : 1 lent, 2 lent, 3 rapide, 4 rapide.

Appuis

Cavalier. 1 talon-pointe, 2 talon-pointe, 3 pointe, 4 pointe-talon.
Dame. 1 pointe-talon, 2 pointe-talon, 3 pointe, 4 pointe-talon.

Le cavalier part du pied gauche au quatrième temps musical, de façon à commencer le tour à droite au premier battement de mesure, avec un élan plus important. Au départ il est orienté face à la diagonale-mur. La dame doit céder la place au danseur pour lui permettre de tourner aisément autour d'elle.

1

Cavalier.
Après avoir compté 1, 2 et 3, il avance à 4, d'un pas du pied gauche, talon-pointe ; le buste est tourné à gauche.
Dame.
Avec le pied droit, elle fait un pas en arrière, pointe-talon.

2

Cavalier.
Il se prépare pour la rotation à droite avec un fort mouvement contraire du corps. Puis, avec le pied droit, il avance d'un pas ample, talon-pointe, entre les pieds de la danseuse, fléchit les genoux et accomplit ainsi $^{1}/_{8}$ tour à droite.
Dame.
Du pied gauche, elle fait un pas en arrière et légèrement sur le côté, pointe-talon, et tourne autant que le cavalier pour lui laisser la place.

3

Cavalier.
Il déplace le pied gauche latéralement, sur la pointe, s'abaisse sur la jambe droite, exécute $^1/_4$ tour et se trouve face à la ligne de danse.

Dame.
Elle déplace le pied droit sur le côté et fait $^1/_4$ tour pour céder la place au danseur, qui la dépasse le long de la ligne de danse.

4

Cavalier.
Il joint le pied droit au gauche et fait $^1/_8$ tour.

Dame.
Elle joint le pied gauche au droit et effectue $^1/_8$ tour.

LA DANSE DE LA RÉCONCILIATION

Dans la vie, l'histoire d'un couple traverse des moments divers dont chacun peut être représenté par une danse. La phase de la cour, nous l'avons vu, est comparable à la valse viennoise. L'amour qui en découle est la valse lente. Ensuite, comme chacun sait, peuvent naître les premières incompréhensions qui, parfois, mènent à la trahison : cette situation de conflit est efficacement représentée par le tango.
Mais, comme la danse est un grand conte de fées qui finit bien, voici qu'après la dispute vient le fox-trot. Avec sa gaieté et son insouciance, il semble mimer un couple qui a fait la paix et reconstruit son équilibre afin de recommencer de zéro. En effet, dans le fox-trot, les danseurs évoluent très harmonieusement. Les pas longs et feutrés, zigzaguant dans la salle, sont l'expression de l'assurance du danseur vis-à-vis de la femme. Autrement dit, cette façon de danser, après la tempête du tango, figure une unité retrouvée, capable d'éviter les nouveaux obstacles de la vie de couple.

TOUR SPIN, 3 PAS

fig. 5, 6, 7.
Base rythmique : 1 lent, 2 lent, 3 lent.

Appuis
Cavalier. 1 pointe-talon, 2 talon-pointe, 3 pointe-talon.
Dame. 1 talon-pointe, 2 pointe, 3 pointe-talon.

Dans le quickstep, il y a une figure importante, surtout pour la dame, qui peut ainsi se mettre en valeur. Le cavalier l'invite à tourner autour de lui dans un tour très ample que la danseuse accomplit en s'élevant sur les pointes de pied, tandis qu'elle renverse le buste en arrière. En faisant ce mouvement, elle tourne la tête de côté avec élégance.

LOCK ARRIÈRE, 4 PAS

fig. 8, 9, 10, 11.
Base rythmique : 1 rapide, 2 rapide, 3 lent, 4 lent.

Appuis
Cavalier. 1 pointe, 2 pointe, 3 pointe-talon, 4 pointe-talon.
Dame. 1 pointe, 2 pointe, 3 pointe-talon, 4 talon-pointe.

Pour les deux danseurs, cette figure consiste à croiser les pieds.

5

Cavalier.
Avec le pied gauche, il fait un pas en arrière, pointe-talon, et effectue $^{1}/_{3}$ tour à droite ; les bras et le buste se trouvent alors en mouvement contraire du corps par rapport à la jambe gauche, qui se trouve derrière.
Dame.
Elle avance le pied droit, talon-pointe, genoux fléchis, et suit le mouvement du danseur, en faisant $^{1}/_{3}$ tour.

6

Cavalier.
Il pose le pied droit en avant, talon-pointe, et effectue $^{1}/_{2}$ tour en élévation. Avec le bras droit, il aide la dame, qui incline la tête en arrière et tourne autour de lui.
Dame.
Elle déplace la jambe gauche de côté, avec un mouvement ample, fait glisser sur le sol la pointe du pied gauche, puis s'abaisse sur la jambe droite, en faisant $^{1}/_{2}$ tour.

7

Cavalier.
Il recule le pied gauche, d'un petit pas, en appui sur la pointe, puis sur le talon.
Dame.
Avec le pied droit, elle avance d'un petit pas, en appui sur la pointe puis sur le talon.

8

Cavalier.
Du pied droit, il fait un petit pas en arrière, en appui sur la pointe, et fait simultanément $^1/_8$ tour.
Dame.
Elle avance d'un pas, du pied gauche, et pose la pointe.

9

Cavalier.
Il croise le pied gauche devant le droit.

Dame.
Elle croise le pied droit derrière le gauche.

10

Cavalier.
Il recule le pied droit.
Dame.
Elle avance le pied gauche.

11

Cavalier.
Il recule le pied gauche.
Dame.
Elle avance le pied droit. Ils font $^1/_4$ tour.

FIN DE COURSE, 3 PAS

fig. 12, 13, 14.
Base rythmique : 1 rapide, 2 lent, 3 lent.

Appuis

Cavalier. 1 pointe, 2 pointe-talon, 3 talon-pointe.
Dame. 1 talon-pointe, 2 pointe, 3 pointe-talon.

Il s'agit d'un changement de direction. En effet, d'un mouvement vers l'arrière, le cavalier passe à un mouvement en avant.

12

Cavalier.
Il recule latéralement la pointe du pied droit et amorce $^1/_8$ tour à gauche.
Dame.
Elle avance le pied gauche, talon-pointe, et fait également $^1/_8$ tour autour de lui.

13

Cavalier.
Il amène le pied gauche sur le côté, pointe-talon, et fait $^1/_4$ tour.
Dame.
Elle amène la pointe du pied gauche sur le côté et fait $^1/_4$ tour.

QUICK OPEN REVERSE, 3 PAS

fig. 15, 16, 17.
Base rythmique : 1 lent, 2 rapide, 3 rapide.

Appuis

Cavalier. 1 talon-pointe, 2 pointe, 3 pointe-talon.
Dame. 1 pointe-talon, 2 pointe, 3 pointe-talon.

Il s'agit d'un tour renversé ouvert et rapide, semblable au tour à gauche ouvert de la valse lente, mais avec un tempo musical différent. Le danseur se trouve face à la ligne de danse. Le pied de départ est le gauche pour le cavalier, le droit pour la dame.

14

Cavalier.
Il avance le pied droit, talon-pointe, se trouve à l'extérieur de la dame et effectue en même temps $^1/_8$ tour.

Dame.
Elle recule avec le pied gauche, pointe-talon. Tous deux sont en mouvement contraire du corps.

15

Cavalier.
Il fait un pas en avant, du pied gauche, talon-pointe, le long de la ligne de danse, tandis qu'avec le buste il fait un mouvement contraire du corps ; genoux fléchis, il amorce $^1/_8$ tour à gauche.

Dame.
Elle déplace le pied droit en arrière, sur la pointe, et fait $^1/_8$ tour à gauche.

16

Cavalier.
Il déplace le pied droit sur le côté, en appui sur la pointe.

Dame.
Elle déplace le pied gauche sur le côté, en appui sur la pointe.

17

Cavalier.
Le poids du corps reposant sur le pied droit, il recule le pied gauche d'un pas modéré, le long de la ligne de danse, et fait ainsi $^1/_8$ tour.

Dame.
Elle avance d'un pas modéré le pied droit, à l'extérieur de son partenaire, en appui sur la pointe, puis sur le talon, et fait $^1/_8$ tour ; son buste reste tourné vers le cavalier pour se donner de l'élan pour le pas suivant.

Afin de se donner de l'élan pour le pas suivant, au point 17, cavalier et dame ont le buste tourné.

PIVOT INVERSÉ

fig. 18.
Base rythmique : 1 lent.

Appuis
Cavalier. 1 pointe-talon.
Dame. 1 talon-pointe.

En faisant un seul pas, les deux danseurs changent de direction, de façon que la dame se trouve dans la position du cavalier, et vice versa.

DOUBLE SPIN INVERSÉ

fig. 19, 20, 21, 22.
3 pas (cavalier), 4 pas (dame).
Base rythmique : cavalier, 1 lent, 2 lent, 3 lent ; dame, 1 lent, 2 lent, 3 rapide, 4 rapide.

Appuis
Cavalier. 1 talon-pointe, 2 pointe, 3 pointe-talon.
Dame. 1 pointe-talon, 2 talon-pointe, 3 pointe, 4 pointe-talon.

A l'origine variante de la valse anglaise, c'est aujourd'hui un tour très utilisé dans le quickstep. Il s'agit d'une figure tourbillonnante et rapide : la danseuse pivote sur les talons, tandis que son partenaire tourne sur les pointes de pied. Le mouvement s'achève sur un pas croisé de la dame.

18

Cavalier.
Il recule du pied droit et, avec un fort mouvement contraire du corps, il effectue $^1/_3$ tour à gauche.
Dame.
Elle avance du pied gauche et, également avec un mouvement contraire du corps, elle effectue $^1/_3$ tour à gauche.

19

Cavalier.
Il se trouve le long de la ligne de danse, amène le pied gauche en avant et continue à tourner.
Dame.
Elle recule du pied droit et tourne aussi à gauche.

20

Cavalier.
Il amène le pied droit sur le côté, fait $^1/_3$ tour à gauche, dos à la ligne de danse.
Dame.
Elle joint les pieds et tourne sur les talons autant que le danseur.

21

Cavalier.
Il joint le pied gauche au droit, fait $^1/_4$ tour et reste sur les pointes.
Dame.
Elle amène le pied droit sur le côté, un peu en arrière, et fait à gauche $^1/_4$ tour.

22

Cavalier.
Il achève la rotation à gauche de $^1/_4$ tour, en pivotant sur les pointes, et pose les talons.

Dame.
Elle croise le pied gauche devant le droit, sur les pointes, fait $^1/_4$ tour et pose les talons.

LA PETITE HISTOIRE DE L'HOMOLOGATION DU QUICKSTEP

On le sait, le quickstep est un fox-trot rapide, d'origine américaine. Mais c'est en Angleterre qu'il va connaître la célébrité, et voici comment... Il faut savoir que ce sont des professeurs de danse anglais qui ont codifié les danses de compétition. Aux championnats du monde de danse qui se sont tenus à Londres en 1924 et 1925, les danses officielles étaient le fox-trot, la valse, le one-step et le tango : ainsi en avait décidé la *Ballroom Branch* (commission « danses de salle ») de *The Imperial Society of Teachers of Dancing* (Association impériale de professeurs de danse). Toutefois, dès 1923, Josephine Bradley, membre du premier comité de ladite commission, écrivait dans *Dancing Times*, revue officielle de l'association : « En Amérique, on danse une version nouvelle du fox-trot, plus rapide, avec un rythme de cinquante temps à la minute. » En 1925, le quotidien anglais *Star* prend l'initiative d'organiser une compétition de danse qui, très rapidement, va devenir aussi importante que le championnat du monde et qui va donner le ton, y compris à l'association officielle. Dans l'édition de 1927 du championnat *Star*, le quick-time fox-trot est, pour la première fois, retenu en compétition. Deux ans plus tard, et toujours au même championnat *Star*, ce « fox-trot rapide », qui bénéficie d'une grande popularité outre-Atlantique, prend le nom abrégé de quickstep. Devant le succès, l'association des professeurs de danse décide alors de l'homologuer, pour son propre championnat, à la place du one-step.

CROSS CHASSÉ, 3 PAS

fig. 23, 24, 25.
Base rythmique : 1 lent, 2 rapide, 3 rapide.

Appuis
Cavalier. 1 talon-pointe, 2 pointe, 3 pointe-talon.
Dame. 1 pointe-talon, 2 pointe, 3 pointe-talon.

C'est un pas rapide, qui permet au cavalier de changer de pied et de débuter la figure suivante avec le pied droit au lieu du gauche. Les pas sont semblables aux points 4, 5 et 6 du pas de base de la valse lente.

LOCK EN AVANT, 4 PAS

fig. 26, 27, 28, 29.
Base rythmique : 1 lent, 2 rapide, 3 rapide, 4 lent.

Appuis
Cavalier. 1 talon-pointe, 2 pointe, 3 pointe, 4 pointe-talon.
Dame. 1 pointe-talon, 2 pointe, 3 pointe, 4 pointe-talon.

Il s'agit d'une promenade où les danseurs croisent les pieds et avancent face à la diagonale-mur. Dans le quickstep, les pas croisés sont très fréquents, c'est pourquoi ils sont très caractéristiques de cette danse.

23

Cavalier.
Il avance du pied gauche d'un pas accentué, le long de la ligne de danse, talon-pointe, en portant le poids du corps sur la même jambe.
Dame.
Elle recule du pied droit, pointe-talon. La danseuse, soutenue par le cavalier, enrichit ce pas de change d'un balancé qui la porte alors en arrière.

24

Cavalier.
Il ramène la dame en position de danse, fait un pas latéral du pied droit et déplace le poids du corps sur la même jambe. Pour ce mouvement, le danseur incline le buste vers la gauche.
Dame.
Du pied gauche sur lequel repose le poids du corps, elle fait un pas latéral et s'incline aussi, mais à droite.

25

Cavalier.
Il joint le pied droit au gauche et prend ensuite appui sur le talon.

26

Cavalier.
Il avance à l'extérieur de la dame avec le pied droit, face à la diagonale-mur, en tournant légèrement à gauche.
Dame.
Elle recule du pied gauche. Les deux danseurs sont en mouvement contraire du corps.

27

Cavalier.
Il avance, du pied gauche, à l'extérieur.
Dame.
Elle recule le pied droit.

28

Cavalier.
Il déplace le pied droit et le croise alors derrière le gauche.
Dame.
Elle croise le pied gauche devant le droit et reste sur les pointes.

Le cavalier croise le pied droit derrière le gauche, puis repart du pied gauche pour la figure suivante.

29

Cavalier.
Il fait un pas en avant du pied gauche, pointe-talon.

Dame.
Elle recule du pied droit, pointe-talon.

TOUR À DROITE, 3 PAS

fig. 30, 31, 32.
Base rythmique : 1 lent, 2 rapide, 3 rapide.

Appuis
Cavalier. 1 talon-pointe, 2 pointe, 3 pointe-talon.
Dame. 1 pointe-talon, 2 pointe, 3 pointe-talon.

De même que dans les danses traditionnelles et les danses de salon, le tour à droite est une rotation que le cavalier amorce avec un mouvement contraire du corps. Dans la danse standardisée, cette figure a plus d'ampleur que dans la danse de salon ; l'avancée du pied droit est très accentuée, de façon à allonger le pas et à accroître le côté spectaculaire, comme c'est le cas pour toutes les figures des danses standard. Le tour à droite fermé sert de base aux autres figures.

30

Cavalier.
Il s'apprête à effectuer une rotation à droite avec un mouvement contraire du corps. Il fait un pas en avant, du pied droit, en dehors de sa partenaire, et fléchit les genoux.
Dame.
Elle fait un pas en arrière du pied gauche. Les deux danseurs sont en mouvement contraire du corps.

31

Cavalier.
Il déplace le pied gauche sur le côté, dans un mouvement ample, s'abaisse sur la jambe droite et fait $^{1}/_{4}$ tour.
Dame.
Elle déplace le pied droit sur le côté et fait $^{1}/_{3}$ tour pour laisser de la place au cavalier, qui la dépasse le long de la ligne de danse.

32

Cavalier. Il joint le pied droit au gauche et se met sur les pointes, puis pose les talons.

Dame. Contrairement au danseur, elle joint le pied gauche au droit et se met aussi sur les pointes, puis pose les talons.

DANSER FAIT DU BIEN

La danse est un sport, et, comme toute autre activité physique, si on la pratique avec régularité, elle est bonne pour la santé et favorise le bien-être général.

Bienfaits physiques

– Comme pour tout exercice, où le corps utilise l'oxygène pour produire de l'énergie ; ce qui signifie que le muscle cardiaque reçoit pendant la danse un apport de sang important.

– Danser est donc recommandé pour maintenir ce muscle en bonne condition. Il faut toutefois impérativement s'échauffer et ne pas aller au-delà de ses possibilités.

– La danse combat l'hypertension. Une activité physique constante provoque la dilatation des vaisseaux artériels, réduisant par là même la pression sanguine.

– Dans ce genre de sport, on peut doser son effort en fonction de ses capacités.

– En dansant, on fait travailler une grande masse musculaire, ainsi que les articulations.

– La danse est une aide précieuse non seulement dans les régimes amaigrissants, mais aussi pour combattre l'artériosclérose. Il est en effet prouvé que toutes les activités physiques liées à des efforts d'une durée d'environ 30 à 45 minutes amorcent le métabolisme des graisses dans toutes les parties du corps. Cela signifie que, au début de l'effort, l'organisme brûle les sucres et ensuite les graisses. Une pratique régulière de la danse présente donc l'avantage d'« assécher » les parties du corps où les graisses se sont accumulées. Cela vaut aussi pour les graisses qui circulent dans le sang, comme les triglycérides et le cholestérol, dont le taux baisse. En outre, l'activité physique contribue à améliorer le rapport entre cholestérol HDL, protecteur des artères, et le LDL, nocif. Si l'exercice physique est régulier, le métabolisme des graisses devient ensuite un mécanisme capable de fonctionner, même au repos.

– Danser combat les varices et améliore la circulation veineuse des jambes, problème typiquement féminin. Chez les femmes, en effet, les valvules veineuses, qui ont pour fonction de faciliter le retour du sang et d'en empêcher le reflux, sont plus fragiles que chez les hommes. Danser devient alors très utile, car un mouvement constant des muscles des jambes réactive la circulation.

– Comme d'autres activités physiques du même genre, la danse améliore la silhouette, accroît la résistance physique, favorise le sommeil et permet de conserver le corps en bonne santé. Elle est utile chez la femme pour combattre l'ostéoporose.

Bénéfices psychologiques

– La danse permet d'évacuer ses soucis et son stress, parce que l'on doit se concentrer sur les mouvements à exécuter ; c'est donc un moyen de détente.

– C'est une façon de connaître des personnes nouvelles, ce qui peut aider à vaincre la timidité ; la danse offre la possibilité d'exprimer ses sentiments et de canaliser son trop-plein d'énergie.

– Avec la danse, on peut donner libre cours à sa créativité.

– Danser est une manière de s'affirmer et de se débarrasser de ses inhibitions.

– Vouloir bien danser apprend à se fixer des objectifs, que l'on atteint progressivement.

GLOSSAIRE

Base rythmique
Cadence musicale des pas, exécutés avec un mouvement lent ou rapide, selon la musique.

Casqué
Figure caractéristique du tango argentin, où la dame se renverse en arrière et sur le côté, soutenue par le cavalier.

Chassé
Pas latéraux à droite ou à gauche, dans lesquels le pied qui exécute le second pas rejoint le premier en le chassant.

Direction de danse
Ligne le long de laquelle le cavalier évolue pour exécuter une figure.

Épaule menante
Position de l'épaule droite du cavalier, qui est légèrement en avant par rapport à l'épaule gauche. Elle oriente le mouvement de la promenade dans le tango.

Face à la diagonale-centre
Position du danseur le long de la ligne de danse, après une rotation de 45° à gauche.

Face à la diagonale-mur
Position du danseur le long de la ligne de danse, après une rotation à droite d'environ 45°.

Ligne de danse
Ligne imaginaire qui court le long du périmètre de la salle de danse dans le sens contraire à celui des aiguilles d'une montre.

Mouvement contraire du corps
Position que prend le corps avant d'exécuter un pas : on avance une jambe et, simultanément, le bras opposé.

Pas de fermeture
Composé de trois pas dans lesquels le troisième pas rejoint le second.

Phrase musicale
Elle commence avec l'accentuation du premier temps (battement) musical. Dans la valse, par exemple, elle est à un ou à quatre temps (battements).

Position promenade
Le couple se dispose en V, c'est-à-dire le flanc droit du cavalier contre le flanc gauche de la dame.

Promenade
Marche dans laquelle les danseurs évoluent dans la même direction, côte à côte. Figure typique du tango.

Tour pivoté
Rotation sur la pointe du pied, à droite ou à gauche, le poids ne devant reposer que sur un pied.

FÉDÉRATION FRANÇAISE DE DANSE

La Fédération française de danse est née le 26 octobre 1969 et regroupe aujourd'hui quelque 700 associations et écoles, ce qui représente plus de 43 000 licenciés. Elle est agréée et subventionnée par le ministère de la Jeunesse et des Sports, et par celui de la Culture.
Elle se compose de 3 comités nationaux : le Comité national de danse sportive, le Comité national de rock acrobatique et le Comité national de danses de société et de loisirs, qui ont notamment en charge l'organisation des compétitions et la délivrance des titres nationaux. Lui sont rattachés 10 Comités régionaux et 30 Comités départementaux.
Depuis le 4 avril 1995, elle siège au Comité national olympique et sportif français.
La FFD a également été reconnue officiellement par l'International Dance Sport Federation.

Les challenges nationaux
Ils ont été créés en 1995 pour permettre de sélectionner les couples de l'équipe de France. Il y en a 5 par an, dispersés dans toute la France. Les couples y accumulent des points qui donnent lieu à un classement. Le premier couple sur une compétition obtient 100 points, le deuxième 90, etc. Pour déterminer les scores, on fait le cumul des points obtenus par chaque couple.

Fédération française de danse
12, rue Saint-Germain-l'Auxerrois - 75001 Paris
Tél. : 01 42 36 12 61

Crédits illustrations
Centre de documentation Mondadori : pp. 13, 19, 20 haut, 20-21, 35, 36, 37, 38, 51, 53, 67, 68, 95, 96, 99, 123, 124, 125
J. L. Charmet: p. 97
Collection Livio Cerini di Castegnate, Milan : p. 98 gauche
Collection Oliveiro Girondo, Buenos Aires : p. 20 bas
Collection Édouard Malouze, Paris : p. 2
Collection privée : p. 98 droite
Guido Regazzoni et Massimo Angelo Rossi, Milan : pp. 8, 9, 10, 11, 12, 14, 16-17, 18, 34, 50, 64-65, 66, 94, 122, 140-141, 142, 143, 153, 162, 163, 176, 177
Collection Salce, Trévise : pp. 39, 52
The Bettmann Archive, New York : p. 69

Les illustrations des pas des diverses danses ont été réalisées à l'ordinateur par Rossana Mauri et Sabrina Giuffré, à partir de photographies effectuées spécialement.